U0526680

DeepSeek
赋能数字政府
应用指南

《DeepSeek赋能数字政府应用指南》编写组 编著

新华出版社

图书在版编目（CIP）数据

DeepSeek 赋能数字政府应用指南 /《DeepSeek 赋能数字政府应用指南》编写组编著 . -- 北京：新华出版社，2025.3.
-- ISBN 978-7-5166-7905-0

Ⅰ . D63-39

中国国家版本馆 CIP 数据核字第 2025TB1527 号

DeepSeek 赋能数字政府应用指南

编著：《DeepSeek 赋能数字政府应用指南》编写组

出 版 人：匡乐成	出版统筹：王永霞
责任编辑：田丽丽	编　　务：陈泓洁　任溢赜

出版发行：新华出版社有限责任公司

（北京市石景山区京原路 8 号　邮编：100040）

印刷：河北鑫兆源印刷有限公司

成品尺寸：165mm×235mm 1/16	印张：13	字数：160 千字
版次：2025 年 3 月第 1 版	印次：2025 年 3 月第 1 次印刷	
书号：ISBN 978-7-5166-7905-0	定价：78.00 元	

版权所有·侵权必究

如有印刷、装订问题，本公司负责调换。

《DeepSeek 赋能数字政府应用指南》编委会

编委会主任：潘海平

编委会副主任：曹文忠　李　月

编写组成员：石　为　杨　光　王　萌
　　　　　　韩显男　吴满宇　谭丹沫一
　　　　　　马丹惠　董婷婷　周　鸢
　　　　　　曾　红　何　俊　许　晗
　　　　　　齐　麟　史言飞　张　无
　　　　　　徐　洋　张　蕴　张　璐
　　　　　　于子童　陈　磊　杨佳佳
　　　　　　王　静　郝　菁　赵其鹏

序

人工智能，曾是1956年夏天出现的"新词汇"。现在，已经成为一门交叉范围广、涉及领域多的前沿科学。数十年来，人工智能不断地带给人们惊喜，比如图像生成和识别技术、远程诊疗机器人、自动驾驶、智能语音助手等。

在人类历史的长河中，每一次重大的技术变革都掀起推动社会发展与进步的浪潮。让机器学会和人一样思考和判断，人工智能正在逐步改变着这个世界，为每个生命体赋能。

2025年，好像突然之间，人工智能不再遥远，带着一种"魔力"渗透到社会生活的方方面面，与许许多多的普通人作了一次亲密接触。

2025年1月下旬DeepSeek-R1模型发布，在世界引爆热议。2025年春节，不知有多少中国人的拜年微信是用DeepSeek完成。"过了一个春节，感觉世界不一样了。"很多人在社交平台上发出感慨。

DeepSeek等大模型推出后，在各个领域被广泛、迅速应用。在政务服务领域，深圳、北京、广州、杭州等地成为第一批"尝鲜"者。

当政务服务遇到人工智能，一切就会变得灵动起来。上海浦东新区推出的政务数字人"小浦"，能够精准地理解办事人诉求，通过后台的数据共享和证照调用，随即生成全套办事材料，办事人轻松点击提交，就能足不出户"高效办成一件事"。

2024年《政府工作报告》首次提出要实施"人工智能+"行动，今年《政府工作报告》提出持续推进"人工智能+"行动，就是要抓住人工智能技术突破的机遇，推动人工智能大模型的广泛应用，赋能千行百业、走进千家万户。"人工智能+"进一步助力加快数字政府建设，大势将至，未来已来！

当然，在"人工智能+"推动数字政府建设热潮中，也必须保持足够的"冷思考"，充分考虑到诸如安全、隐私、公平、普惠等可能产生的风险与问题需要规避和破解，还有"大模型上的形式主义"等需要提防和避免。

如何让DeepSeek等大模型更好地赋能数字政府建设？业界亟需一部全面系统、贴近实战的应用指南。

中国经济信息社（简称中经社）是新华社经济信息业务主体，致力于打造国家级经济信息旗舰。近年来，中经社围绕服务国家战略，建设了新华财经、新华丝路、新华信用、新华指数等一批国家级信息平台，承担了全国一体化政务服务和监管平台、中国一带一路网等国家平台的运营工作。2024年6月，中经社发起成立新华数字政府研究中心，这是国家通讯社服务党和国家工作大局的具体行动，是深化媒体融合、推动数字政府建设的创新实践。以此为契机，新华社紧紧围绕数字政府建设总体战略布局，充分释放各方面资源优势，为数字政府建设提供动能。中经社在人工智能和数字政府建设领域具备深入的研究基础，并且已实际参与多地在数字政府领域部署DeepSeek等大模型工作。为深入总结有关研究成果，全面梳理各地实践案例，中经社专门成立编写团队编著本书。

本书内容主要包括DeepSeek等大模型技术原理阐释、场景应用、风险困境、规避及破解之策，是一本立足实战的应用指南，更是关注和从事数字政府建设的各界人士案头必备的工具书。

2025年，是《国务院关于加强数字政府建设的指导意见》确定的第一阶段主要目标收官验收之年，也是谋划加快下一阶段数字政府建设的关键一年。

"人工智能+"已经成为推动社会发展的新引擎。面临新形势、新任务、新要求，与时俱进，顺应时代潮流，以人工智能助力加快数字政府建设，对于加快建成整体协同、敏捷高效、智能精准、开放透明、公平普惠的数字政府，对于全面开创数字政府建设的新局面，具有非常重要的现实意义。

本书在编写过程中，听取了多位人工智能和数字政府建设领域专家的重要意见，得到了有关地方和部门的大力支持。新华出版社为本书的策划和编辑出版进行了全程专业指导，在此一并感谢。

我们同时注意到，人工智能、大模型等技术发展日新月异，书中有关表述难免疏漏，敬请各位读者批评指正。真诚希望各位读者不吝赐教，共同分享在人工智能和数字政府建设领域的真知灼见。

《DeepSeek赋能数字政府应用指南》编写组

2025年3月

目录 CONTENTS

第一章
"人工智能+"行动中的 DeepSeek 与数字政府建设　　001

一、DeepSeek：开源低成本的人工智能革新者　　002

二、DeepSeek 等人工智能技术为数字政府建设提供新动力　　003

三、人工智能技术赋能数字政府建设的"冷思考"　　009

四、未来人工智能赋能数字政府建设的着力点　　010

第二章
DeepSeek 在数字政府应用中的全栈式解决方案　　013

一、DeepSeek 技术原理介绍　　014

二、DeepSeek 资源需求与部署实施　　021

三、数字政府领域其他大模型的应用情况　　025

四、数字政府领域大模型的效能评测与优化策略　　027

第三章

DeepSeek 等人工智能技术在"高效办成一件事"中的创新探索　039

　　一、数据驱动 精准锚定"一件事"主题　　　　　　　　040

　　二、智能驱动 重塑"一件事"服务流程　　　　　　　　042

　　三、赋能反馈 精细优化"一件事"成效　　　　　　　　044

第四章

DeepSeek 等人工智能技术助力构建"一网通办"新生态　047

　　一、"一网通办"的政策演进和核心逻辑　　　　　　　048

　　二、DeepSeek 等人工智能技术在"一网通办"的应用场景　049

第五章

"人工智能 + 政务服务大厅"
——DeepSeek 赋能下的转型与挑战　067

　　一、助力构建政务服务大厅全天候服务矩阵　　　　　　068

　　二、驱动政务服务流程再造与跃升　　　　　　　　　　073

　　三、拓展政务服务能力新边界　　　　　　　　　　　　078

　　四、人工智能技术带来的政务智能化改革方向　　　　　083

第六章

DeepSeek 等人工智能技术助力 12345 热线步入转型快车道　　093

　　一、加速 12345 热线服务质效双提升　　094

　　二、直面"技术盲区",综合研判应用方式与效果　　101

第七章

"人工智能+"驱动智慧城市蝶变　　125

　　一、人工智能让智慧城市"更聪明更暖心"　　127

　　二、"关键钥匙"如何推动城市"智能运营"　　150

第八章

如何应对"人工智能+"赋能数字政府建设的风险与困境?　　153

　　一、现实与未来面临的风险与困境　　154

　　二、多维度破解之策　　161

第九章

"人工智能+"赋能数字政府建设未来图景　　167

　　一、探索形成安全高效的"人工智能+政务服务"新型模式　　168

　　二、政府治理能力现代化水平进一步提升　　171

三、政府决策进一步科学精准　　173

四、新技术应用落地更高效更安全　　174

附录

一、相关政策文件、法律法规一览　　177

二、人工智能技术常用名词汇总　　181

三、DeepSeek-R1 及其蒸馏模型规格与应用表　　187

四、常见 AI 工具汇总（办公、生活场景）　　188

PART 01

第一章

"人工智能+"行动中的 DeepSeek 与数字政府建设

> 在数字化浪潮席卷全球的今天，人工智能（Artificial Intelligence，简称 AI）技术逐步成为推动社会进步和变革的重要力量。在我国全面推进"人工智能+"行动中，DeepSeek等人工智能技术凭借其卓越的数据处理与智能分析能力，为加快建设整体协同、敏捷高效、智能精准、开放透明、公平普惠的数字政府提供了有力支撑。

一、DeepSeek：开源低成本的人工智能革新者

人工智能（Artificial Intelligence，简称 AI）是利用数字计算机或者数字计算机控制的机器，模拟、延伸和扩展人的智能，感知环境、获取知识并使用知识获得最佳结果的理论、方法、技术及应用系统①的一门新的技术科学。

作为计算机科学的一个重要分支，人工智能自 20 世纪中叶以来经历了从符号处理到深度学习的多个发展阶段，其应用已经渗透到社会的方方面面。机器学习作为人工智能的核心技术之一，通过让计算机从数据中学习规律，从而实现对新数据的预测和处理，显著提升了计算机的智能水平和适应性。而深度学习，作为机器学习的一个特殊分支，通过构建多层神经网络来实现对复杂数据的学习和表达，在计算机视觉、自然语言处理等领域取得了显著的成果。

DeepSeek，全称杭州深度求索人工智能基础技术研究有限公司，简称深度求索，成立于 2023 年 7 月，是幻方量化牵头成立的 AI 公司，专注于实现通用人工智能（AGI），具有较强的软硬件协同设计实力。

2025 年 1 月，杭州深度求索公司推出新模型 DeepSeek-R1，凭借技术创新和商业化潜力引发全球瞩目。不仅是因为该模型在自然语言处理方面表现卓越，更为重要的是其在训练方法上实现

---

① 中国电子技术标准化研究院．人工智能标准化白皮书（2018）[R/OL]. 2018-01-17. https://www.cesi.cn/201801/3545.html.

了创新，成功降低了同类产品对算力资源的大量需求，显著降低了使用成本。得益于此，用户可将 DeepSeek-R1 部署在个人本地设备，实现更为安全且个性化的服务。尤为重要的是，DeepSeek 的开源模式为全球创新发展带来新机遇，并有可能带动全行业在未来形成以开源为主流的发展路线。[①]

二、DeepSeek 等人工智能技术为数字政府建设提供新动力

在数字政府建设领域，人工智能的应用正逐步从概念走向实践，成为提升政府治理能力和行政效能的重要工具。持续推进的"人工智能+"行动，更为数字政府建设增添了新动力、提供了新机遇。

作为前沿的人工智能技术平台，DeepSeek 等人工智能技术凭借其数据处理能力和智能分析能力，能够有效挖掘政务数据中的潜在价值，推动打破传统政务服务的时空限制和部门壁垒，推进跨部门、跨层级、跨地区、跨系统、跨领域的政务协同；能够精准识别企业和群众的需求痛点，优化政务服务流程，提升办事效率，推动政务服务从"能办"向"好办""快办"转变。同时，其智能分析能力可以实时监测政务服务的运行状态，动态调整服务策略，确保政策精准落地，为政府决策提供科学依据，助力政府治理能力现代化的全面升级。

---

① 龚克. 人工智能，从深度学习到全面赋能（科技前沿）[EB/OL]. 2025-02-26. https://baijiahao.baidu.com/s?id=1825085530119798563& wfr=spider& for=pc.

（一）支撑"高效办成一件事"创新探索

"高效办成一件事"的核心是全流程的高效性和便捷性，不仅仅关注单个部门的办事效率，更注重跨部门、跨层级的协同配合，从整体上提升政务服务的效能。旨在通过一系列的改革措施，打破部门之间的壁垒，减少不必要的办事环节，让企业群众在办理政务服务事项时能够享受到一站式、一体化的服务。

DeepSeek 等人工智能技术在推动"高效办成一件事"改革中，能够针对事项主题难梳理等问题提供创新性的解决方案，依托数据挖掘、分析与智能学习能力，挖掘出政务服务数据背后的逻辑关系与高频需求，辅助业务人员精准梳理"一件事"主题。

DeepSeek 等人工智能技术在推动"高效办成一件事"改革中，能够提供政务服务流程智能分析与优化引擎。在大模型技术加持下，对于符合特定条件的高频事项，可以利用预先设定的智能审批规则和机器学习模型，自动审核申报材料，判断材料是否齐全且符合既定标准。

DeepSeek 等人工智能技术能够深度理解企业群众的多维度办事需求，通过持续学习优化机制，推动政务服务的供给方式从"被动响应"向"主动服务"升级。

（二）推动构建"一网通办"服务新生态

"一网通办"是指通过整合政务服务资源、优化业务流程、强化数据共享，实现政务服务事项全流程网上办理。旨在打破信息孤岛、简化办事流程、提升服务效率，实现政务服务从"线下跑"向"网上办"，从"分头办"向"协同办"转变。DeepSeek 等人工智能大模型的深度应用可辅助构建高效、精准、人性化的服务新生态。主要包括以下几点。

智能问答。依托知识图谱构建技术、自然语言处理技术、多轮对话技术、机器学习算法技术对智能问答服务进行优化完善。

智能辅助审批。在文件审核环节，DeepSeek等人工智能技术可借助OCR（光学字符识别）技术，快速将企业群众提交的纸质申请文件转化为电子文本，大大提高了文件处理效率。

智能化精准匹配。政府在推出新的政策或服务后，利用DeepSeek等人工智能技术，实时监测政策的实施效果。通过数据分析，政府可以根据反馈及时调整政策内容或实施方式，确保政策更精准地满足社会需求。

（三）让政务服务大厅更有智慧、温度和生命力

政务服务大厅作为线下服务的核心载体，目前正从传统窗口向"智能中枢"全面升级。DeepSeek等人工智能技术可推动政务服务从"被动响应"向"主动服务"转变，使政务服务大厅成为"有智慧、有温度、有生命力"的治理共同体。具体体现在以下几点。

1. 助力构建政务服务大厅全天候服务矩阵

首先，**推动线下政务服务大厅智能升级**。在大厅内配备智能引导机器人等多种智能服务设施提升服务效能，运用智能分析技术，对政务服务大厅的空间使用情况进行精准评估，深入挖掘群众在接受政府服务过程中的行为数据和服务反馈，识别出优化点和服务创新的方向。其次，**开展虚拟政务服务大厅全天候服务**。通过构建全场景AI政务数字人，构建起"7×24小时"智能智慧

服务体系，为虚拟大厅和线上平台带来了更丰富的服务内容和更便捷的操作体验。通过分析用户的行为数据和业务需求，智能推荐相关的政务服务事项和政策信息。

2. 助力政务服务流程高效运转

通过人工智能驱动的流程再造技术将多部门层层审批优化为并联审批，精简审批环节，提升审批质量。通过精准解读政策并及时更新，保障信息准确及时，智能推送服务则精准满足了群众的需求，进一步提升了服务的针对性和便利性。

3. 拓展政务服务能力新边界

DeepSeek 等人工智能技术使数字人上岗成为可能，AI 技术推动政务服务从"人力密集型"向"智能协作型"转型，减轻基层负担；智能外脑为领导决策提供科学参考，决策模式实现"经验直觉"到"数据智能"的跨越；企业群众的办事过程有了全新的智能交互体验，从"标准化办理"升级为主动式、增值型"个性化服务"。

（四）推动 12345 热线智能化转型

DeepSeek 等人工智能技术加速了政务服务便民热线（以下简称"12345 热线"）的智能化进程，显著提升了群众诉求的解决效率，推动 12345 热线服务从"被动受理"向"主动治理""未诉先办"转型。具体体现在以下几点：

1.12345 热线受理环节

DeepSeek 等人工智能技术展现了显著的优势，能够精准识别和理解企业群众诉求，为后续的工作奠定了坚实基础。

2. 12345 热线派单环节

DeepSeek 等人工智能技术提升了分派单精细度，确保企业和群众的诉求得到有效处理。

3. 12345 热线办理答复环节

DeepSeek 等人工智能技术为工作人员提供了强有力的辅助支持，从而保障企业和群众的诉求得到高效响应。

4. 12345 热线办结环节

DeepSeek 等人工智能技术通过梳理总结、数据归档、报告生成和经验提炼等功能形成了完整的服务闭环，推动着政务服务不断向前发展和完善。

（五）让智慧城市更聪明更暖心

智慧城市是指在城市规划、设计、建设、管理与运营等领域中，通过智能计算技术的应用，使得城市管理、教育、医疗、房地产、交通运输、公用事业和公众安全等城市组成的关键基础设施组件和服务更互联、高效和智能，为市民提供更美好的生活保障，为企业创造更有利的商业发展环境。

在营商环境优化方面，通过应用人工智能技术，基于大数据分析，政府可充分了解各类企业的需求和偏好，提供个性化的政务服务。依托人工智能技术，政务服务可实现事项的在线办理和智能审批，减少人工干预，提高审批效率。

在教育领域，人工智能技术改变了传统的教学方式和学习体验。通过分析学生的学习行为、成绩、兴趣等多维度数据，可以为学生推荐个性化的学习资源和路径。利用自然语言处理、语音识别等技术，可以充当虚拟助教的角色，为学生提供24×7的在线辅导和答疑服务。人工智能还可以为教育管理者提供智能化的管理和决策支持。

在医疗领域，人工智能技术不仅能够辅助提高疾病诊断的准确性和治疗方案的个性化水平，而且可以优化医疗资源的配置，为患者提供更高效、优质的医疗服务。通过深度学习技术，人工智能可以快速分析大量的医学影像数据，辅助医生更准确诊断。基于大数据分析，人工智能能够根据患者的个体特征和病情，为医生提供个性化治疗建议。在医院管理上，人工智能可以合理安排医护人员的工作时间，提高医疗资源的利用效率。

在交通领域，人工智能技术作为智慧交通的重要驱动力，从交通流量优化到出行信息服务，从智能信号控制到自动驾驶，能够应用于交通系统的多个环节，有助于缓解交通堵塞，发现安全隐患，降低物流成本，优化出行体验。

生态环保领域，从监测环境质量到预测自然灾害，从优化资源利用到推动生态修复，人工智能技术为解决环境难题提供了创新思路与有效方法。借助人工智能技术，通过卫星遥感、无人机监测和物联网传感器等手段，可以实时监测大气、水体、土壤等环境要素。许多珍稀物种的栖息地受到人类活动和气候变化的威胁，而人工智能技术可以帮助科学家更好地了解这些物种的生存状况。

在应急管理方面，人工智能技术凭借多模态融合感知、动态知识演化与复杂系统推演能力，正在推动应急管理前端响应、风险评估、应急指挥等各环节的智能化变革，在自然灾害预警、事故灾难处置、公共卫生响应等场景中展现出巨大应用价值。

三、人工智能技术赋能数字政府建设的"冷思考"

DeepSeek 等人工智能技术正在成为推动各行业变革的关键力量。为安全有序推进数字政府建设,在接入人工智能大模型时,应当充分认识和评估其中的风险及存在的问题。

法律法规的适配性及监管风险。法律法规的适配性涉及数据安全、隐私保护、网络安全、知识产权等方面,监管风险涉及算法透明度不足、责任划分不清、合规审查机制不健全等问题。

数据安全与隐私保护风险。人工智能的应用部署和落地,依赖于海量数据的训练和调用,存在数据泄露、滥用或被恶意攻击的风险。政务服务场景中的数据中涉及大量敏感信息,如果安全防护不到位,可能导致隐私泄露、数据篡改等风险。

整体性系统化推进不足问题。引入人工智能技术赋能数字政府建设,应完善顶层设计、进行充分论证、保证布局合理,防止重复建设和无效投资。

意识偏见和认识误区。随着人工智能在数字政府领域的场景落地和赋能,为广大群众提供了更直观、更切实地接触和享受智能化、便利化政务服务和社会公共服务的机会。在实践过程中,既不能对大模型存在过高期待、盲目信任,也不能过于偏见、陷入误区。

模型可信度和成熟度风险。大模型在缺乏有效事实支撑和充分的数据输入训练的情况下,通过语义重组生成看似合理但实际错误或者无序的信息,其本质是模型对训练数据的过度依赖与逻辑推理能力的局限性。

过度技术依赖的安全隐患。 新技术的运用和落地必然会面临过度的技术依赖、新技术的不确定性、对传统业务的冲击等问题。

四、未来人工智能赋能数字政府建设的着力点

推动政务服务智能高效。 依托人工智能深度学习能力和算法优势，可推动办事效率和审批准确性的同步提质。利用人工智能技术构建智能客服系统，推出智能客服、AI数字人、智能问答等应用，"7×24小时"在线解答群众咨询，快速响应用户的咨询和问题。依托人工智能技术先进的自然语言处理、语音识别、深度学习能力，迅速识别用户意图，加速推动 12345 热线从"被动受理"向"主动治理""未诉先办"转型。

实现政府治理效能提升。 DeepSeek 等人工智能技术凭借高性能低成本、融合先进的多模态技术等优势，已被运用到城市管理的诸多场景中，为智能化管理夯实了坚实基础，不仅推动城市管理效能实现质的飞跃，更有效地提升了群众生活的便利度和体验感，随着 DeepSeek 等人工智能技术的逐步成熟与推广，城市管理与建设将迈向一个崭新的高度。

服务政府决策科学精准。 充分运用 DeepSeek 的强大算力和数据分析能力，对经济、人口、社会趋势等多源数据进行整合与比对，全方位洞察城市运行状况，帮助决策者更好地把握未来趋势，为政策制定提供科学的决策依据。将 DeepSeek 应用于民意诉求办理、社情民意监控等领域，在自动采集新闻信息和热点话题的过程中同步实现舆情信息的分类，自动过滤无效信息，对敏

感话题及重点领域进行实时重点监控，及时掌握社会关注热点，及时有效处理，推动群众诉求由"被动响应"向"主动处置"转变，正面引导舆论走向，有效化解舆情风险。

更加强化数据安全能力建设。在数字政府建设中，人工智能技术的应用虽然带来前所未有的机遇，但同时也将引发诸多隐私安全问题，数据安全风险、隐私信息侵权风险等威胁不容忽视。各级政府应加强人工智能数据安全保障，不断完善相关立法和标准体系，构建完善的人工智能数据安全保障体系，确保在安全可控的前提下释放新技术潜力。

PART 02

第二章

DeepSeek 在数字政府应用中的全栈式解决方案

> DeepSeek在数字政府领域应用中的全栈式解决方案包含技术架构、部署实施、政务应用及效能评测等关键方面。在技术原理层面，主要包括 DeepSeek系列核心模型，以及Transformer模型架构、混合专家架构（MoE）等关键技术。在部署实施层面，实施路径包括硬件配置、安全防护体系、模型训练过程等方面。在应用效能评测层面，数字政府大模型效能评测体系包含服务侧、资源、安全性、可解释性、公平性、稳定性、性能、效率等八个维度指标。

一、DeepSeek 技术原理介绍

系统介绍了 DeepSeek 系列模型从基础模型到高级变体的体系架构，全面展示其在多元化应用场景下的适应性和灵活性。通过对技术脉络的深入剖析，阐述了 DeepSeek 在推理能力跃迁、计算效率革新及 AI 生态重构等方面的技术原理。

（一）DeepSeek 系列核心模型

DeepSeek 系列核心模型按照技术演进的发展进度可划分为三个阶段。一是技术筑基阶段，以 DeepSeek-LLM 为起点，通过多阶段学习率调度器来优化训练效率，突破了传统模型的参数—数据配比限制，奠定了其高效推理的基础。二是能力跃迁阶段，以混合专家模型为核心，通过细粒度专家细分与共享专家隔离的策略，实现了计算资源的动态分配，激活了参数的利用率。三是产业赋能阶段，在 DeepSeek-R1 模型中引入强化学习，通过激发模型的长思维链推理能力，使复杂问题解决速度提升，单位推理成本降低。DeepSeek 系列核心模型演进发展如下图所示：

```
┌─────────────────────────────────┬──────────────┐
│      DeepSeek成立               │  技术筑基    │
├─────────────────────────────────┤              │
│      DeepSeek-LLM               │              │
├─────────────────────────────────┼──────────────┤
│      DeepSeek-Coder             │              │
├─────────────────────────────────┤              │
│      DeepSeek-VL                │              │
├──────────┐                      ┼──────────────┤
│ GRPO训练 │→ DeepSeek-Math       │  能力跃迁    │
├──────────┤                      │              │
│DeepSeek-MoE├┐                   │              │
├──────────┤ ├─ DeepSeek-V2       │              │
│   MLA    ├┘                     │              │
├─────────────────────────────────┤              │
│      DeepSeek-Coder-V2          │              │
├─────────────────────────────────┤              │
│      DeepSeek-VL2               │              │
├──────────┐                      ┼──────────────┤
│  MTP任务 ├┐                     │              │
├──────────┤ ├─ DeepSeek-V3       │  产业赋能    │
│FP8混合精度训练├┘                │              │
├─────────────────────────────────┤              │
│      DeepSeek-R1                │              │
└─────────────────────────────────┴──────────────┘
```

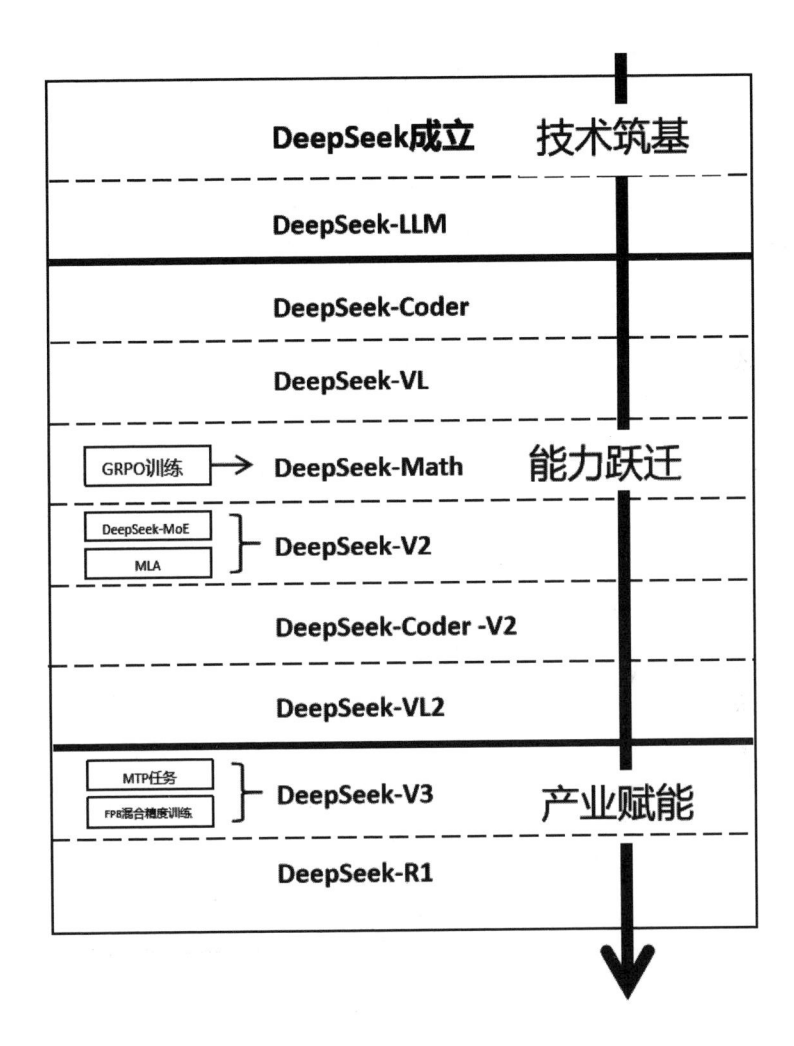

DeepSeek 系列核心模型演进发展

  2023 年以来，DeepSeek 系列模型陆续推出，从最初的 DeepSeek-LLM 到 DeepSeek-R1，经历了多个版本的演化，每一代模型在架构设计、训练算法、推理效率和模型表现上实现了显著的创新与优化，形成了覆盖不同参数规模和应用场景的完整技术体系，以下是其核心模型介绍：

DeepSeek 系列核心模型介绍		
模型名称	核心特点	应用场景
DeepSeek-LLM	使用了规模庞大的中英双语数据集进行预训练，使其能够更好地理解和生成多种语言的文本。双语数据集的设计也意味着 DeepSeek-LLM 在处理多语言任务时具有天然的优势，能够更有效地捕捉不同语言之间的共性和差异，提升模型在跨语言任务中的表现，支持代码生成和数学推理。	通用对话、文本生成、多语言处理。
DeepSeek-Coder	训练数据集由 87% 的源代码、10% 的与英语代码相关的自然语言语料库和 3% 的与代码无关的中文自然语言语料库组成。专注于代码编写、调试和故障排查，支持 89 种编程语言。	代码编写、调试、故障排查等开发相关任务。
DeepSeek-VL	专为现实世界的视觉和语言理解应用程序而设计，包括视觉编码器、视觉语言适配器、专家混合语言模型三个核心模块，具备高效处理高分辨率图像的能力，能够在复杂场景中处理逻辑图、网页、公式识别、科学文献、自然图像等。	视觉问答，光学字符识别，文档、表格及图表理解，视觉定位。
DeepSeek-Math	通过引入大规模且高质量的数据集为模型提供了丰富的数学知识背景，该模型在处理数学相关任务时具有更强的能力，特别是在 Math 基准测试中表现优异。	数学相关任务，如数学定理证明、公式推导等。
DeepSeek-V2	总参数 236B，是混合专家模型，它的原理是将多个专家模型组合在一起，根据不同的任务和输入，动态地选择合适的专家进行处理。这种方式提高了模型的泛化能力和处理复杂任务的能力，在中文综合能力上表现十分出色，同时训练效率高，支持复杂代码生成。	文本生成、代码生成、低成本训练。

续表

DeepSeek 系列核心模型介绍		
模型名称	核心特点	应用场景
DeepSeek-Coder-V2	专注于代码编写，提出了新型注意力机制，进一步降低了推理成本，优化了代码生成能力。	复杂代码生成、企业级开发工具链。
DeepSeek-VL2	在其前身 DeepSeek-VL 的基础上，通过创新的混合专家模型，显著提升了模型的性能和效率。但当前模型的上下文窗口仅允许每个会话处理少量图像，未来计划扩展上下文窗口以实现更丰富的图像交互。	视觉问答，光学字符识别，文档、表格及图表理解，视觉定位。
DeepSeek-V3	总参数 671B，采用了多头潜在注意力机制和 DeepSeekMoE 架构。在知识类任务上表现显著提升，生成速度大幅提高，支持长文本处理和复杂数学计算。	长文档分析、科研计算、复杂推理。
DeepSeek-R1	该模型完全开源，强化学习与推理能力优化，擅长复杂逻辑推理。	科研、决策支持、代码生成。

（注[①]：数据来源于 GitHub 平台 DeepSeek 官方开源仓库）

（二）DeepSeek 关键技术解析

DeepSeek 系列模型使用了 Transformer 模型架构、混合专家架构（MoE）、多头潜在注意力（MLA）、多词元预测（MTP）以及 FP8 混合精度训练等关键技术。这些技术在大幅增强模型效能的同时，有效降低了训练和推理成本，具体介绍如下：

[①] DeepSeek-AI. repositories[EB/OL]. 2025. https://github.com/orgs/deepseek-ai/repositories.

1.Transformer 模型架构

Transformer 模型架构[①]自2017年推出以来，已成为语言模型中广泛应用的深度学习框架。其显著优势在于支持并行计算，包括负责理解输入文本的编码器和负责生成输出文本的解码器两个主要部分。通过"多头注意力"和"位置编码"等核心技术，Transformer 模型架构能够高效捕捉文本中的长距离依赖和上下文信息，更准确地理解文本的含义和顺序。

通俗解释：Transformer 模型是一种基于"注意力机制"的神经网络，不再像之前的模型那样按顺序处理文本，而是同时关注文本中的所有单词，并基于这些单词间的关系来理解文本。

2.混合专家模型（MoE）

混合专家模型[②]（MoE，Mixture of Experts）作为一种创新的机器学习方法，将人工智能模型拆解为多个独立的子网络，即"专家"。每个"专家"负责处理输入数据的一个特定子集，进而协同完成既定任务。一般而言，混合专家模型通过选择性地激活针对特定任务所需的"专家"，而非全面激活整个神经网络来实现高效运作。即使针对数十亿级的庞大参数，该方法也能在预训练阶段显著削减计算成本，并且在推理阶段具有更快的性能优势。

作为 DeepSeek 模型的核心构成之一，凭借路由与"专家"两部分的协同作业，实现了对数据的高效处理。以 DeepSeek-V3

---

① IBM. What is a transformer model?[EB/OL]. [2025-03-10]. https://www.ibm.com/think/topics/transformer-model.

② Jacobs R, Jordan M, Nowlan S, et al.Adaptive Mixtures of Local Experts[J] Neural Computation, 2014, 3(1):79-87.DOI:10.1162/neco.1991.3.1.79.

为例，每个MoE层均配备1个共享"专家"及256个路由"专家"，在运行期间，每个词元仅需激活8个路由"专家"。这一设计有效节省了计算资源，增强了模型在处理复杂任务时的竞争力。混合专家模型原理概述如下图所示。

通俗解释：混合专家模型就像一支专业团队，遇到问题时，系统会自动选择最擅长该领域的"专家"来解决问题，而不是让所有人一起上阵。

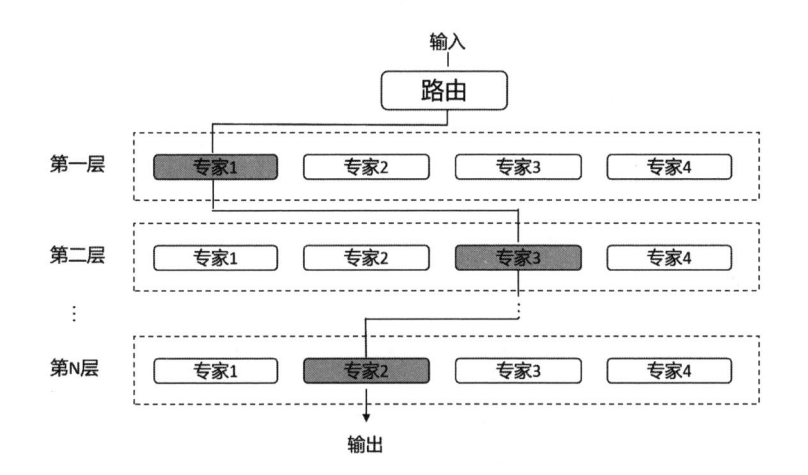

混合专家模型原理

3. 多头潜在注意力（MLA）

多头潜在注意力[①]（Multi-Head Latent Attention，MLA）是对传统注意力机制的一种优化升级，其核心在于允许多个注意力头各自独立地聚焦于输入数据的不同维度特征。多头潜在注意力机

---

① Vaswani A, Shazeer N, Parmar N, et al. Attention Is All You Need[EB/OL]. （2017-06-12）[2025-03-10]. https://arxiv.org/abs/1706.03762?context=cs.LG.

制能够提升 Transformer 模型在处理冗长序列或复杂多模态数据时的效率与性能，该机制首先将高维输入数据映射到一个维度较低的潜在空间，然后在这个低维空间内并行执行多个注意力头的运算。以自然语言处理的句子解析场景为例，一个注意力头可能专门负责解析句子的语法结构，另一个则侧重于理解语义内涵，而第三个或许专注于分析词汇的情感倾向等。这些多样化的注意力头同步工作，最终将各自的输出结果进行综合。

通俗解释：多头潜在注意力机制就像将一幅繁复的图像精简为一个更为紧凑的"概要"，并基于这一"概要"进行深入分析，从而有效缩减计算复杂度及内存占用。

4. 多词元预测（MTP）

多词元预测[①]（Multi-token Prediction）要求模型在接收输入序列后，能够并行地预测出紧随其后的多个连续词元，而非仅仅局限于逐个预测下一个词元。举例来说，采用 MTP 技术的模型能够同时预测未来的 3 个词元，而非仅限于预测第一个词元。这一改进在不增加额外训练时间和内存消耗的前提下，不仅显著增强了模型的预测能力，还提升了其运行效率。

通俗解释：多词元预测训练策略，让 AI 模型像"连词成句"一样同时预测多个词语，而不是像传统方法那样每次只能猜一个字。就像学生做填空题时先通读全文再作答，而不是只看前文零散信息。

---

① Gloeckle F, Idrissi B Y, Rozière B, Lopez-Paz D, et al. Better & Faster Large Language Models via Multi-token Prediction.[EB/OL]. 2024. https://arxiv.org/abs/2404.19737.

5.FP8 混合精度训练

FP8（Floating-Point 8-bit）是一种采用 8 位表示的浮点数格式，相较于传统的 FP32 和 FP16 格式，FP8 在数字表示上位数更少，其优势在于能够大幅削减数据存储和计算的资源开销。FP8 混合精度训练[①]作为一种深度学习训练优化策略，巧妙地将 8 位浮点数（FP8）应用于模型的部分参数和计算结果表示，同时保留高精度（例如 FP32）用于关键计算步骤，以此在确保模型精度的同时，大幅度地降低了计算成本和内存使用，显著提升了训练速度。

通俗解释：FP8 混合精度训练，就像我们在使用修图软件修图时"区别对待"不同细节，用高分辨率处理人物五官（关键计算用高精度 FP16/FP32），而用低分辨率处理背景（次要步骤用 8 位浮点数 FP8），这样既保证图片整体质量，又节省存储空间和修图时间。

二、DeepSeek 资源需求与部署实施

政府用户在技术选型过程中的核心决策点包括多版本技术分支的适配性评估框架、工程化部署的异构计算适配方案，以及基于政务知识图谱的垂直领域模型构建等，对策建议框架如下图所示。

---

① Peng H, Wu K, Wei Y. FP8-LM: Training FP8 Large Language Models[J/OL]. （2023-10）[2025-03-12]. https://arxiv.org/abs/2310.18313.

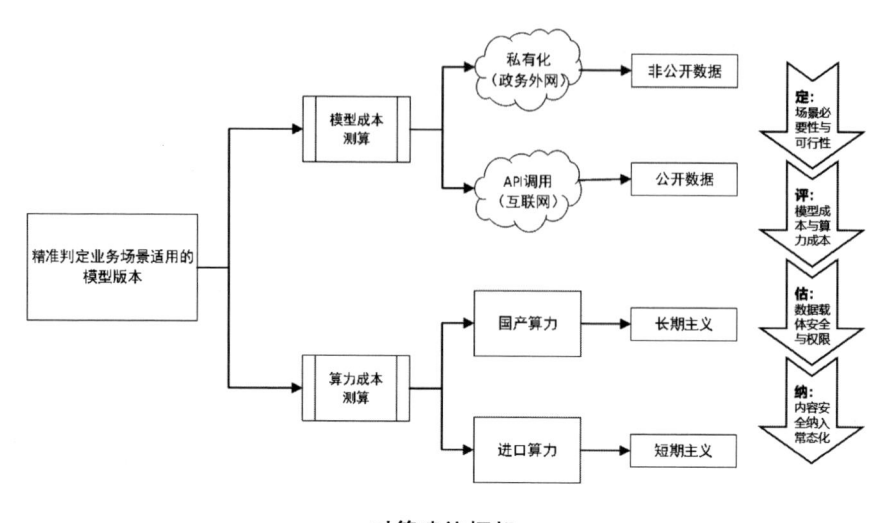

对策建议框架

（一）DeepSeek-R1 及其蒸馏模型资源需求与适用场景解析

自行部署 DeepSeek，可通过官方平台下载到 V2、V3 及 R1 等多个版本。DeepSeek-R1 及其蒸馏模型对硬件配置需求都各不相同。为便于读者了解 DeepSeek-R1 及其蒸馏模型的规格与成本等细节，本书在附录中详细梳理了 DeepSeek-R1 及其蒸馏模型规格与应用表供读者查阅。

（二）数字政府领域部署 DeepSeek 的实施要点

数字政府领域引入 DeepSeek 大模型可从以下四方面进行科学评估：

1. 业务场景适配性评估

开展需求调研，精准界定技术的适用范围。针对高频且标准化的应用场景，如政策咨询和信息查询等，可优先考虑部署大模型。

而针对涉及复杂决策的业务场景，需审慎评估大模型技术的针对性。

2. 成本效益动态平衡

充分论证算力投入与业务需求的匹配性，充分考虑模型开发与运维成本，评估综合效益。

3. 数据安全边界管控

重视大模型应用过程中的数据安全与隐私保护。可通过动态加密技术、精细化访问控制（如字段级权限管理）以及定期安全审计等方式，构建数据全生命周期防护体系。

4. 内容安全防控机制

模型上线前进行安全评测，模型运行中进行实时监测，构建常态化的评测和监测防控体系。

（三）DeepSeek 大模型政务化训练的全流程

1. 政务服务知识体系的构建

政务服务应用场景具有高度规范性与准确性等刚性服务要求。例如咨询应答、事务办理、决策支撑等场景中，大模型的输出结果必须符合政策法规和业务流程。因此，建立结构化的领域知识库是部署数字政府智能化工作的基础工程。

知识库构建可采用"问题—解决方案—多维表达"三元架构，按三个阶段组织实施。首先是通过业务场景分析形成知识框架，其次进行非结构化数据清洗和标准化处理，最后建立覆盖全量业务节点的语义网络。尤其需要注意的是，多维表达体系需整合系统用户的自然语言习惯与专业术语体系，例如可将"办理营业执照"与"企业注册登记"等专业表述方式统一映射到标准知识节点中。

2.模型调优策略的选择

在预训练模型基础上开展适应性训练，是提升模型服务效能的关键路径。

主流开源模型已具备基础语义理解能力，但在数字政府政务服务场景中存在特定政策条款的精准解析、跨部门业务流程的贯通理解、公文文书的规范生成等突出需求，建议采取差异化训练策略。

对于高频咨询类场景，可通过领域增强训练提升意图识别；对于准确率要求高的审批类业务中，重点优化多条件组合查询的响应逻辑；针对决策支持场景，需构建专业术语库强化推理能力。

3.智能支撑体系的搭建

政务服务大模型的落地实施需要跨模态数据处理引擎和智能任务协调中枢等两大核心技术组件的协同运作。

多模态算法模型，作为信息融合的关键模块，能够解析用户提交的图文音视频等多媒体材料，有效扩展政务服务的交互维度与场景适配能力。

智能任务协调中枢，承担着系统运作的核心使命。包含需求意图的深度解析、跨部门流程的动态适配以及资源调度的精准匹配等三个关键步骤，支撑用户诉求的高效响应。

大模型完成用户需求的初步解析后，通过该中枢进一步拆解任务目标，梳理涉及的业务环节及其逻辑关系，继而联动知识库、业务系统等核心组件，完成服务闭环。

4.终端交互体系的设计与实施

完成系统底层架构搭建后，需重点开展用户交互层面的定制化开发工作。实际部署时，需根据服务对象特征及业务场景需求，选择适配的交互范式。主流解决方案包括基于自然语言处理的对话交互模块（涵盖文本沟通与语音交互两种模式）以及采用数字人形象的沉浸式交互系统。

文本及语音交互模式，因其技术成熟度高、适配移动端便捷性强等特点，普遍应用于政务服务咨询、业务引导等场景，在开发周期与运维成本控制方面有显著优势。

数字人驱动的智能交互模式，凭借其拟真化交互体验，正逐步成为政务服务领域的标准配置，可实现移动终端、桌面终端及智能终端设备等的跨平台覆盖。但要注意的是，该模式对算力基础设施支撑要求较高，部署与运维成本呈线性增长趋势。

5. 系统集成与效能验证

各模块开发完成后，需进行全栈式系统对接，将预训练模型、领域知识库、多模态处理引擎、交互终端等核心组件通过标准化接口进行有机整合，并对接政务服务"一网通办"后台服务及业务中台。

完成集成后，实施单元功能测试确保模块独立性、压力测试验证系统稳定性、场景化演练检验服务连续性，通过三阶段验证流程保障从技术集成到业务落地。

三、数字政府领域其他大模型的应用情况

除了 DeepSeek 的开源部署方案，国内外大模型供应商也在数字政府领域积极拓展，接下来将介绍该领域的主流大型模型。

为便于读者快速了解 AI 工具在办公和生活场景中的应用，在附录中提供了常见 AI 工具汇总（办公、生活场景）以供查阅。

（一）国内大模型

阿里巴巴、百度、腾讯、抖音、智谱等国内科技企业，通过开源生态构建、强化学习算法优化及跨场景适配能力升级，持续推动大模型技术以更低成本、更高效率深度融入数字政府建设。上述国内主流大模型在数字政府领域的落地实践见下表：

大模型名称	所属机构	数字政府应用场景
通义千问	阿里巴巴	1. 智能问答 2. 政策白话解读 3. 跨区域知识库融合 4. 24小时云客服
文心一言	百度	1. 智能客服与政策解读 2. 舆情监测与预警 3. 公文辅助起草与智能审核 4. 会议实时转录与纪要生成
混元	腾讯	1. 公文处理及多文档协同处理 2. 政策文件精准匹配与条款解读 3. 实时转录长文会议录音，自动标记重点事项并生成待办清单
豆包	抖音	1. 政策服务与民意分析 2. 应急响应与资源管理 3. 公文辅助处理
智谱清言	智谱	1. 公文全流程辅助 2. 法律咨询与信访服务 3. 数据驱动的政策分析

（二）国际大模型

国外大模型的发展起步较早，自 2018 年起便涌现出众多超大规模预训练模型，并经历了从亿级到千亿级参数的快速增长。以 xAI 公司推出的 Grok-3 以及 OpenAI 的 ChatGPT Gov 为代表，这类模型已深度融入政府治理场景。尽管这些国外模型在技术上领先，但它们普遍存在着闭源垄断的问题，限制了技术的开放共享与二次创新；同时，高昂的部署成本也成为了制约其广泛普及的一大短板，尤其是在资源有限的发展中国家或地区，这些挑战尤为突出。

大模型名称	所属机构	数字政府应用场景
Grok-3	xAI	SpaceX 火星任务计算支持等政企协同领域
ChatGPT Gov	OpenAI	专门为美国政府机构设计，允许政府机构作为客户在自己的安全托管环境中运行的同时，将"非公开的敏感信息"输入 OpenAI 的模型中

四、数字政府领域大模型的效能评测与优化策略

通俗理解，可以把大模型理解为一个能力很强的函数。大模型的服务对象终究是人，为了更好地进行人机交互新范式的设计，研究大模型评测工作可以更好地为人与大模型的协同交互提供指导和帮助。

一方面，大模型部署需要大量的训练数据及计算资源等，成本较高。另一方面，数字政府领域应用涉及公共利益及个人敏感数据，模型在满足性能评价标准的同时，也需满足高精度、强合规、可解释性要求。本书针对大模型在数字政府领域的应用提出了一

套科学的效能评测体系，从大模型架构、训练数据集，尤其是大模型实际应用能力等方面对大模型效能进行评价。

（一）大模型效能评测

1. 服务侧评测

从用户体验维度出发，收集用户对大模型输出的反馈，定期评估模型的有用性、易用性及满意度。可设置任务完成率、界面友好度、信任度感知等指标，持续优化交互流程。

2. 资源评测

从大模型在推理训练时的内存占用量及 FLOPs 等指标计算开销，对大模型资源消耗进行评价。

3. 安全性评测

从安全防御能力和处理用户数据时遵循数据隐私和安全标准方面，应严格执行《中华人民共和国数据安全法》等相关法律法规要求，通过数据脱敏率、权限动态管控及第三方渗透测试筑牢安全防线。

4. 可解释性评测

从大模型算法内部结构可视化及透明度进行评测，理解和分析模型的行为及其输出过程的原因。

5. 公平性评测

检验大模型是否存在特定偏见，例如种族、性别、年龄等方面的偏见。

6. 稳定性评测

通过在不同随机种子、不同输入顺序、输入噪声或异常数据时，大模型输出的一致性和稳定性来进行评测。

7. 性能评测

大模型性能评测方面，从准确性和生成质量两个维度进行测度。其中，分类准确率、回归五处、BLEU 分数、ROUGE 分数、GLUE、SQuAD 等可以作为准确性评测指标；perplexity、N-gram 多样性等可作为生成质量类评测指标。

8. 效率评测

大模型效率评测方面，可以从处理速度、响应时间和训练时间等维度进行比较。如准确率、ROC 曲线、AUC、MSE、Log Loss 等为比较常用的评测指标。其中，MSE 用于衡量大模型预测值与真实值之间的平均偏差的平方，其越小表示模型对数据的拟合程度越好；Log Loss 常用于评估概率型模型，其越小表示模型性能越好。

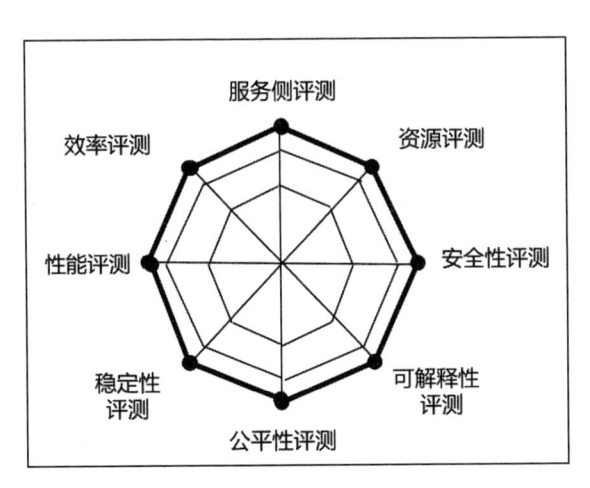

大模型效能评测维度

（二）大模型优化策略

开展系列评测后，需要对大模型进行不断优化。具体优化策略包括算法优化、模型选择等。

算法优化方面。机器学习算法在许多情况下都涉及优化，例如在推断中涉及求解优化问题。在机器学习问题中，关注某些性能度量 W，其定义于测试集上并且可能是不可解的，因此需要间接优化 W，可以通过降低代价函数来提升。

模型选择方面。在实践中，选择一族容易优化的模型比使用一个强大优化算法更重要。很多深度学习模型优化的方法是改进来自设计易于优化的模型。神经网络学习在进化过程中很多进步来自改变模型族，LSTM、maxout 单元都比基于 sigmoid 单元的深度网络使用更多的线性函数，这些模型都具有简化优化的特性。

延伸阅读

东方"六小龙"惊艳全球启示录[①]

深度求索公司（DeepSeek）在短短一个月内连发两个大模型，"震动"硅谷；宇树科技的机器人登上春晚舞台"扭秧歌"，这场全人工智能（AI）驱动的人形机器人表演视频引发海外热议；

[①] 邬焕庆，王俊禄，张璇，朱涵. 东方"六小龙"惊艳全球启示录 [EB/OL]. 参考消息，2025-02-27. https://h.xinhuaxmt.com/vh512/share/12426848?d=134fe73&channel=weixin&time=1741175195526）.

游戏科学的 3A 游戏《黑神话：悟空》斩获世界游戏大奖，掀起全球"悟空热"……

当外界都在感叹这股"神秘的东方力量"之时，不经意发现，这些企业都来自中国东部省份的一座城市——杭州。上述三家企业与同处杭州的云深处、强脑科技、群核科技，被合称为杭州"六小龙"，均为近年来涌现的、在新技术领域具有影响力的企业。

在美国科技"七巨头"主导世界科技发展、产生举足轻重影响之际，东方新锐"六小龙"的崛起，又带来哪些启示？

"中国黑马"引发海外热议

在全球人工智能界看来，来自中国东部城市的深度求索可谓"一鸣惊人"。这家一年多前还名不见经传的公司，接连放出"大招"：发布的大模型 DeepSeek-V3 和 DeepSeek-R1，一方面在性能上比肩美国领先模型，并完全开源，另一方面是以较低成本实现这一突破。多家外媒评价称，深度求索的成功标志着中国在人工智能领域日益强大的自主创新能力。

深度求索也给美国科技界带来震撼。"我们正生活在一个特殊的时代：一家非美国公司在真正践行开放人工智能研究中心（OpenAI）最初的使命——开展真正开放的前沿研究，为所有人赋能。"英伟达高级研究科学家吉姆·范（Jim Fan）在社交媒体上感慨道。

微软首席执行官萨提亚·纳德拉在达沃斯世界经济论坛年会上表示："深度求索公司的新模型令人印象深刻，尤其是在如何高效开发开源模型并进行推理计算方面，它的计算效率非常出色。我们应当非常、非常认真地对待来自中国的这些技术进展。"

除了业内认可，DeepSeek 模型还赢得大量海外用户的青睐。不少外国网友分享了使用 DeepSeek 模型后的感受，并在社交媒体上表达赞赏。据彭博社报道，DeepSeek 模型在 140 个市场下载次数最多的移动应用程序排行榜上名列前茅。

自去年以来，中国的科技企业、游戏公司频频吸引海外关注和热议。不久前，宇树科技发布轮足机器狗"翻山越岭"的视频，特斯拉及 SpaceX 创始人埃隆·马斯克转发并评论点赞；游戏科学推出《黑神话：悟空》后，持续斩获各类荣誉，获得 2024 年 Steam 年度游戏大奖、2024NYX 年度最佳游戏奖等；云深处科技的机器人在非遗晚会舞台上律动伴舞，更走进生产生活，同样引发网络关注。

"六小龙"在创新赛道上各有独门绝技。强脑科技的非侵入式脑机接口技术取得重大突破，研发的智能仿生手已经获得美国食品和药物管理局批准上市，主要产品可以为肢体残疾人和罹患孤独症的孩子提供帮助；群核科技在云计算基础设施领域实现创新突破，研发的分布式存储系统性能达到国际领先水平，成本大幅降低。

1 月 25 日，英国《经济学人》杂志在《中国人工智能产业几乎已追上美国》一文中使用了一幅图片——一条龙出现在一辆车的后视镜中，借此暗指中美人工智能发展水平已趋于接近。

不过，以此认定"中国人工智能已经超越美国"甚至"遥遥领先"，还为时尚早。业界目前基本形成的共识是，深度求索证明有限资源可以被高效利用,中美人工智能差距正在缩小。

复旦大学国际政治系教授沈逸表示,中国科技企业参与全球竞争已经走出自己的发展路径,通过底层创新的突围能力崭露头角。这一现象背后有多重因素驱动,包括技术创新、市场需求和政府支持等。

从"天堂之城"到"创新沃土"

"为什么是杭州?"这是杭州"六小龙"出圈以后,外界发出的灵魂之问。

彭博社发文称,几十年来,令人艳羡的"中国硅谷"桂冠曾落在少数几个大城市头上,包括深圳、上海、北京等,如今深度求索突然成为全球关注焦点,人们将越来越多的注意力转向其"家乡"杭州。

但是,杭州并非"新生报到",它是阿里巴巴、网易等互联网巨头的总部所在地。这座长期以数字经济、电商平台等见长的城市,在新一轮科技浪潮带来的激烈变革期,正成为一系列新兴人工智能相关技术的引领者。

浙江省科普联合会会长周国辉认为,对一个城市来说,短期内能涌现如此众多的科技新锐企业,并且引起海内外瞩目,绝非偶然,这是多年来杭州乃至浙江坚持科技创新引领发展新质生产力的鲜活实例。

工信部信息通信经济专家委员会委员盘和林表示,"六小龙"崛起与中国多年鼓励创新、呵护创新的环境密切相关,杭州乘着国家科创东风快速"飞高",背后是肥沃的创业创新土壤、务实高效的政务服务等。

记者近日实地探访"六小龙"所在地,找寻杭州这座"中国硅谷"的城市发展密码。

在杭州的西南角,西湖区转塘街道的艺创小镇依偎在山湖之间。与自然景观和谐共生、依山而建的错落建筑群,保留了一份难得的宁静。

"游戏科学的创始人冯骥一眼就相中了这个地方。他们团队不是没有去过其他城市考察,但当他们看到这里安心的氛围、多年培育的良好产业生态以及中国美术学院与浙江音乐学院的比邻而居,就决定落户这里。"艺创小镇为企服务中心负责人臧燕说。

"水深则鱼悦,城强则贾兴。"杭州,见证和陪伴了游戏科学的成长,游戏科学的成功也成为杭州创新基因、营商环境的最佳注解。

杭州是中国最早拥抱数字经济的城市之一。2003年,浙江提出建设"数字浙江","人间天堂"杭州确立了"硅谷天堂"的发展目标。20多年来,杭州数字经济异军突起。从龙头企业到隐形冠军,从数字经济软硬件到后台产业,智慧产业链"树大根深";数字安防产业市场占有率全球第一、电商平台交易量和第三方支付能力全国第一,创新生态不断壮大;海外人才、互联网人才净流入率连续多年保持全国第一……

"六小龙"的出圈,在于数字经济基因和硬核科技的"超前布局"。

很多人来到杭州,不仅因为它别具一格的美丽,更重要的是,这里是一块创新创业的沃土,让人梦想成真。

宇树科技落户杭州高新区(滨江)以来,经历了从大学生创业企业、瞪羚企业直到"链主"企业一步步发展,地方政府根据发展不同阶段给予专项扶持政策。杭州高新区(滨江)经信局产业发展科科长叶松笙表示,现阶段通过收储、改造存量厂房,为企业四足及人形机器人的生产腾挪出空间,能满足企业未来三至五年的产能扩展需求。

浙江的资本市场相对活跃,吸引了众多风险投资机构和天使投资人,尤其是资本在近年来的不断投入,为科创"开花结果"积蓄能量。

业内人士称,近五年,投资人开始往硬科技方向转,这是随着产业发展的趋势而来的,"杭州包括浙江范围内的潜力企业,几乎都是从人工智能、先进制造、医疗健康等硬科技赛道跑出来的"。

人工智能领域风险投资公司 3Cap Investment 创始人王康曼在受访时表示,在深度求索名声大噪后,一些中外投资者一直在尝试联系杭州的企业,这表明投资者更加关注中国的人工智能发展。

"送给发展中国家的礼物"

统观全球创新版图,崭露头角的"六小龙"企业规模普遍不大,虽然难以从营收等指标衡量体量和潜力,但仍折射出中国科技创新的强劲势头。

这是一次中国软实力的彰显,将重塑全球对中国科技的认知。

"六小龙"等中国新锐科技企业的崛起,颠覆了人们对美国在人工智能领域占据优势的想法，撕掉了此前笼罩在人工智能之上的神秘面纱。"深度求索戳穿了美国科技寡头的傲慢。它加速了全球竞争，并将加速人工智能工具的应用。"英国《金融时报》网站刊登约翰·桑希尔的文章认为，以深度求索为代表的中国企业的出现，打破了许多对中国创新的陈腐偏见。事实上，中国已经成为全球软件超级大国，在电子商务和数字金融服务方面超过西方，而且还在人工智能方面进行大量投资。这无疑推翻了过去"美国创新、中国模仿、欧洲监管"的成见。

这是一次中国新生代人工智能人才的崛起，他们厚积薄发，闪耀国际舞台。

青年的创新精神不容小觑。"六小龙"的技术骨干都非常年轻，如深度求索技术团队平均年龄不足30岁；游戏科学是一个规模刚过百人、平均年龄32岁的年轻团队；强脑科技则招募真正的"极客"（对计算机和网络技术有狂热兴趣并投入大量时间钻研的人），不看学历、年纪、经验，只要技术"绝对好"。

之江实验室发展战略与合作中心主任董波认为，在进入技术涌现、需要工程实现的人工智能、机器人、脑机接口等领域，一些具备创新意识、掌握前沿技术的年轻人，可能刚走出大学校门，就能在产业资本支持下取得令人瞩目的创新突破。

"中国同样具备培育科技巨头的土壤，人工智能应用、半导体制造、高端装备等领域有望涌现出一批新锐企业。"海通策略首席分析师吴信坤表示。

根据世界知识产权组织发布的《2024年全球创新指数报告》，中国在全球创新力排名中位居第11位，是2010年来创新力上升最快的经济体之一。在政策支持方面，中国已把科技自立自强作为国家发展的战略支撑。

这是"送给发展中国家的一份礼物"。以"六小龙"为代表的中国创新，将为全球发展中经济体提供前所未有的机遇。北京大学国际法学院教授斯蒂芬·米纳斯在澳大利亚杂志上撰文指出，不发达国家可以利用深度求索带来的机遇，包括"让其他国家更容易学习和迭代"的开源特性。美国加州大学洛杉矶分校安德森管理学院教授邓兆生也在一篇评论文章中表示，DeepSeek 模型高性价比的模式"让更多国家和公司有可能参与人工智能进步并从中受益"。

印度已经表示，将在本土服务器上托管 DeepSeek 模型，这可能有助于印度加速本国人工智能模型的研发。在非洲，有评价称，深度求索给非洲大陆带来了希望，人工智能技术将有助于解决社会和经济问题。

巴基斯坦、孟加拉国等能将人工智能解决方案整合到农业、医疗和教育等关键领域。通过共建"一带一路"倡议等，中国促进了全球合作，让当地劳动力具备必要的人工智能技能，为传统上数字创新落后的地区打造可持续发展的技术环境。

中国科学院院士、北京大学教授梅宏表示，从科学技术发展的大势来看，到本世纪中叶，信息技术仍是技术创新的热门领域，甚至是核心区域，因此，新兴产业一定也与信息技术息息相关，信息技术在持续赋能传统产业、推动其转型升级的同时，也将不断催生新业态。

以"六小龙"为代表的一批"小龙""潜龙"，能否抓住新一轮科技革命和产业变革机遇，成长为"蛟龙""巨龙"？

"我们要始终对新一轮科技革命和产业变革，抱有足够的客观理性和谦卑敬畏。"浙江省政府咨询委员会特邀委员、浙商发展研究院副院长刘亭认为，创新和竞争永无止境，山外有山、天外有天，谁也不可能是"常胜将军"独步市场。我们需要的，是稳扎稳打的务实、永不言败的坚韧、勇立潮头的进取。

（《参考消息》2025年2月27日第7版　记者邬焕庆、王俊禄、张璇、朱涵）

PART 03

第三章

DeepSeek 等人工智能技术在"高效办成一件事"中的创新探索

"高效办成一件事"的核心是全流程的高效性和便捷性，旨在通过一系列改革措施，打破部门之间的壁垒，减少不必要的办事环节，让企业群众在办理政务服务事项时能够享受到一站式、一体化的服务。DeepSeek等人工智能技术通过持续学习优化机制，能够深度理解企业群众的多维度办事需求，在推进"高效办成一件事"中发挥重要支撑作用。

2024年1月，国务院印发《关于进一步优化政务服务提升行政效能推动"高效办成一件事"的指导意见》（国发〔2024〕3号），围绕个人和企业全生命周期的重要阶段，明确了第一批高频、面广、问题多的13个重点"一件事"及其责任部门，同时提出"健全'高效办成一件事'重点事项清单管理机制和常态化推进机制"。随后，国务院在2024年7月及2025年春节前又陆续发布两批"高效办成一件事"重点事项清单。DeepSeek等人工智能技术的应用，可以推动政务服务资源配置由经验驱动向数据驱动、治理决策由被动响应向主动预判的转变，为全周期的"一件事"清单管理和常态化推进机制注入新动能。

一、数据驱动 精准锚定"一件事"主题

在确定"一件事"主题的过程中，涉及的事项繁多且复杂，企业群众办事需求呈现出多样化、交织化的特点。以往依赖于人工经验或简单的业务流程确定"一件事"主题，往往难以全面、精准的把握实际需求，导致忽略潜在的关联事项，构建的"一件事"主题体系无法真正解决用户痛点，难以形成高效、便捷的政务服务体系。DeepSeek等人工智能技术的引入为这一难题提供了创新性的解决方案，依托数据挖掘、分析与智能学习能力，能够突破传统方式的局限，深入挖掘政务服务数据背后的逻辑关系与高频需求，辅助业务人员梳理"一件事"主题。

（一）数据收集与预处理：全面构建数据基础

通过 DeepSeek 等人工智能技术，收集整合多源政务数据，构建完整的政务数据池。数据来源可包括以下几种。

政务服务业务数据：办事申请、审批记录、业务流程信息。

用户交互数据：线上咨询、12345 政务热线、政务服务平台留言、政务服务平台历史搜索词。

投诉与反馈数据：群众对于办理过程中的疑问、诉求、抱怨。

政策与法规数据：政府发布的最新政策、法律法规、政务公告。

（二）语义分析与关联挖掘：揭示事项间的隐性联系

DeepSeek 等人工智能技术的核心能力之一是基于全面的数据基础，构建知识图谱，并通过语义分析、持续动态化学习，深入挖掘事项之间的隐性关联。

1. 语义分析：识别事项间的语义相似性

通过深度学习，对政务文本进行语义解析，判断不同事项之间是否具备内容关联性。例如退休办理，用户咨询"如何领取退休金"和"退休后医保怎么交"，通过语义分析判断两者存在高相关性。

2. 知识图谱构建：建立政务事项的关联网络

DeepSeek 等人工智能技术通过构建知识图谱，整理事项间的层级关系与逻辑联系，能够理解不同事项之间的逻辑顺序，精准梳理识别多个业务联动的完整流程，归纳出"一件事"主题。例如，企业在办理企业登记注册时，银行开户是企业注册登记的必备条件，企业登记注册完成后，需要立即办理税务登记。同时，DeepSeek

等人工智能技术结合时间序列分析，识别部分事项在特定时间段内需求量激增。例如，每年6—8月，大量大学毕业生咨询社保、公积金、落户政策，形成应届生落户"一件事"；每年12月，个人所得税专项附加扣除申报需求增加，形成个税年度汇算"一件事"。

二、智能驱动 重塑"一件事"服务流程

"一件事"主题集成多个服务事项，审批环节较多，往往耗时较长。基于此类现象，DeepSeek等人工智能技术能够为政务服务流程智能分析与优化提供有效支撑。

（一）智能审批：自动化识别与辅助决策

人工智能技术在审批过程中可发挥自动化审核与智能决策的作用。借助机器学习和自然语言处理技术，对申请材料进行自动化处理，减少人工干预，快速完成常规的审批任务。通过智能化审核手段，大幅提升审批速度，实现基层办公减负。智能化审核包括三个方面。

1. 文书智能识别与分类

对申请表单、申请材料的文本和结构进行分析，自动分类与归档。例如，对于企业设立申请，自动判断哪些可以直接从数据库中提取并自动校对，节省审批人员的审核时间。

2. 材料合规性自动化检查

人工智能技术能够快速检查提交材料的合规性，标记缺失或不符的部分。例如，在企业注册审批中，可自动比对企业名称是

否重复，工商执照是否符合注册条件。在社保申报中，可自动验证参保人信息是否完整，是否符合最新社保缴纳标准等。

3. 辅助决策

DeepSeek等人工智能技术可基于历史数据和相关案例，在复杂审批或需要判断的环节，为审批人员提供基于数据的辅助决策支持，审批人员可以通过数据分析结果，快速做出判断，减少信息搜寻和决策的时间。例如，在复杂的案件中，人工智能技术能够基于历史案例为审批人员提供类似案例的处理建议。

（二）流程优化：跨部门协同与任务分配

政务服务审批过程中，往往涉及多个部门、多个环节。如何高效协调各方工作，避免重复审批和信息孤岛，是提升审批效率的关键。人工智能技术的应用能够通过智能优化，实现跨部门协同，打破部门之间的壁垒，提高整体流程效率。主要包括两个方面。

1. 跨部门数据集成

通过数据集成，将来自不同部门的信息进行汇总，形成全局化的审批视图。例如，在企业申请环节，申请人提交的信息不仅需要工商部门审核，同时需要税务、社保等部门的确认。将各部门的审批进度同步，自动推送待办事项，避免因信息延迟而导致流程停滞。

2. 智能化问题预警与风险管理

在审批过程中，通过数据分析预测潜在的审批风险和问题，提前发出警告。例如，某项审批因缺乏合规文件或因多次退回未能按时完成，大模型能够识别这一趋势，并提醒审批人员采取措施解决问题，避免不必要的审批延误。

三、赋能反馈 精细优化"一件事"成效

人工智能技术在"一件事"办理效果评估与持续改进中扮演着重要角色，对企业和群众反馈进行深度挖掘与精准运用。通过构建全方位的反馈收集体系，依托线上评价模块、意见反馈表单，线下服务窗口的满意度问卷、现场交流记录以及投诉热线和网络舆情监测等多种渠道，广泛收集企业和群众在"一件事"办理过程中的各类反馈信息。全面涵盖办理体验、流程复杂度、材料要求、办理时长、服务态度等多维度内容，形成庞大且丰富的反馈数据资源池。

（一）反馈机制：实时收集与动态分析

人工智能技术运用先进的自然语言处理技术与数据挖掘算法实时收集反馈信息。对于意见反馈表单和投诉内容等文本形式反馈，可精准提取关键信息，识别出用户的核心诉求与痛点问题。例如，在分析企业开办"一件事"的反馈时，若大量企业反映在税务登记环节等待时间过长，DeepSeek 等人工智能技术可通过对相关文本的语义分析，确定问题的具体指向。同时，对于数值型反馈数据，如办理时长、满意度评分等，DeepSeek 等人工智能技术可运用统计分析方法，建立数据模型，找出数据变化趋势以及与行业标杆、政策目标之间的差距。

（二）精细化服务优化：基于反馈的迭代调整

在新的办理流程或优化措施推行后，人工智能技术可持续跟踪实施效果。持续收集企业群众的反馈数据，对比优化前后的各项指标，如办理成功率、满意度提升幅度、办理时间缩短比例等。若发现某项优化措施未达到预期效果，再次深入分析反馈数据，找出问题根源，提出进一步的改进建议，形成闭环的持续改进体系。通过不断循环这一过程，以企业群众反馈为导向，借助智能分析能力，持续优化"一件事"办理服务，不断提升政务服务质量与效率，切实满足企业和群众日益增长的服务需求。

PART 04

第四章

DeepSeek 等人工智能技术助力构建"一网通办"新生态

近年来,政务服务正经历从"被动响应"到"主动服务"的变革,DeepSeek等人工智能技术的深度应用可辅助构建起高效、精准、人性化的服务新生态,不仅能提升政务服务效率,更通过数据驱动的标准化流程、个性化体验与资源优化配置,在智能问答、智能辅助审批、智能化服务推荐等场景中进一步提升用户满意度。

一、"一网通办"的政策演进和核心逻辑

"一网通办"是指通过整合政务服务资源、优化业务流程、强化数据共享,实现政务服务事项全流程网上办理,让企业和群众办事"只进一扇门、最多跑一次"甚至"一次不用跑"。旨在打破信息孤岛、简化办事流程、提升服务效率,最终实现政务服务从"线下跑"向"网上办",从"分头办"向"协同办"的转变。2022年,《国务院关于加快推进政务服务标准化规范化便利化的指导意见》(国发〔2022〕5号)对政务服务事项管理、办事流程优化、服务渠道建设、服务方式创新等方面提出新要求,推动"一网通办"向纵深发展,努力实现从"能办"到"好办""易办"转变。2024年,国务院办公厅发布《国务院关于进一步优化政务服务提升行政效能推动"高效办成一件事"的指导意见》(国发〔2024〕3号),提出要加强"一张网"建设,推动更多高频事项网上办、掌上办、一次办,实现从"网上可办"向"好办易办"转变。

要实现"一网通办",需要做到以下几点:一是构建统一入口,通过构建统一的政务服务门户,提供一站式服务入口,避免用户在不同平台间切换,实现用户只需登录一个平台,即可办理各类政务服务事项。二是加强数据共享,打破信息孤岛,实现政务数据跨部门、跨地区、跨层级共享,减少重复提交材料,通过数据共享,实现"数据多跑路,群众少跑腿"。三是推动流程优化,简化办事流程,压缩办理时限,推动更多事项"网上办""掌上办""指尖办",以流程再造实现政务服务事项的标准化、规范化和便利化。四是强化协同办理,实现跨部门、跨地区业务协同,

推动更多事项"跨省通办",解决企业和群众办事"多头跑""来回跑"的问题。

二、DeepSeek 等人工智能技术在"一网通办"的应用场景

(一)智能问答

1. 智能问答的意义与作用

智能问答基于深度学习的自然语言处理技术,能够自动生成答案,实现语义交互和对话,对于提升政务服务整体效能意义在于突破时间和空间限制,为用户提供全天候、不间断的政务咨询服务,解决了传统政务服务窗口工作时间受限的问题。同时,利用自然语言处理和机器学习技术,实现对用户问题的快速理解和精准解答,提升服务效率、优化服务体验、降低政务服务成本。智能问答可以自动处理大量简单、重复性问题,减轻了人工客服的压力,降低了人力成本,将有限的人力资源集中于处理复杂、疑难问题。

2.DeepSeek 等人工智能技术应用于智能问答的需求分析

在政务服务中,提升办事咨询环节的行政效能,是重构以需求为导向的政务服务模式中重要一环。随着企业群众对政务服务的需求日益增长,传统问答系统依赖的关键词匹配和单轮问答模式无法引导用户补充企业规模、行业类型等关键信息。对口语化、场景化提问解析能力不足,例如"老人异地看病怎么报销医保"需关联"跨省就医备案""医保结算"等多环节,误答率较高。同时,相关政策、服务等内容调整后知识库更新依赖人工录入,

存在咨询空窗期，导致"新规已生效，系统仍按旧答"的脱节问题。在此背景下，DeepSeek等人工智能技术依托多模态语义理解、动态知识图谱构建等技术，为解决语义鸿沟、知识孤岛等问题提供了技术突破路径。

3. DeepSeek等人工智能技术在智能问答的场景应用

DeepSeek等人工智能技术可依托知识图谱构建技术、自然语言处理技术、多轮对话技术、机器学习算法技术对智能问答服务进行优化完善。

通过构建知识图谱，为语义理解提供全量知识支撑，整合各类政务知识，将分散的信息组织成结构化知识体系，提供丰富的背景知识支撑提升知识检索和问答的准确性，提升问答准确率。例如，当用户提问"企业申请高新技术企业认定需要满足哪些条件"时，可依据知识图谱快速检索"高新技术企业认定"相关实体及关系，获取所需条件信息，并结合具体政策法规条款，为用户提供准确、详细的解答。

自然语言处理技术是人工智能核心技术之一，深度学习算法实现对用户自然语言问句的精准语义解析，突破关键词匹配的局限，打破人与机器之间的语言沟通障碍。在语言理解层面，通过词法分析、句法分析、语义理解等技术，精准剖析用户输入的问题，例如，面对"如何办理个人所得税退税"问题，DeepSeek等人工智能技术可精准识别关键信息"办理"和"个人所得税退税"，理解用户需求为获取办理流程信息。在语言生成方面，通过语言模型学习大量文本数据，生成连贯、准确且易于理解的回复内容，根据用户问题，从知识库中提取相关信息，组织成通顺的语句。

DeepSeek等人工智能技术通过多轮对话技术，引导用户清晰表达需求。政务服务办事场景中的问题往往较为复杂，涉及多个层面和条件，多轮对话技术使人工智能能够与用户持续交互以逐步明确问题核心，当用户询问"我想创业，有没有扶持政策"时，人工智能首轮回应会提供大致政策方向，如"有创业补贴、税收优惠等政策"，并追问"您从事哪个行业，企业规模预计如何"等，经过多轮对话精准把握用户需求，并给出针对性的政策条款和申请流程。

DeepSeek等人工智能技术的学习与优化机能使其在智能问答环节中能不断提升服务的质量和效率，基于海量历史问答数据训练模型，实现自动问答和问题分类，并通过机器学习、深度学习等算法，从大量历史问答数据和用户反馈中持续学习，以优化提升自身回答策略。

4. 应用案例——深圳AI政务助手"深小i"[①]

深圳市在"i深圳"APP正式上线试运行AI政务助手"深小i"。作为面向公众的实用型政务服务大模型应用，"深小i"实现了全市域、全领域、全智能的政策解答和办事引导，标志着深圳市在政务服务智能化领域迈出了重要一步。

深圳市政务服务和数据管理局统筹推进"深小i"建设工作，创新性采用了"大模型+思维链"的技术路线。其中，中国经

[①] 陈泽.深圳上线AI政务助手"深小i"一次解答精准率接近90%[EB/OL].新华财经, 2025-02-27. https://bm.cnfic.com.cn/sharing/share/articleDetail/319602425474457600/1?date=1741164605000.

济信息社深度参与全国各级法规政策和实际案例梳理工作，构建覆盖政务服务重点领域的全周期、全流程知识图谱体系，形成政务服务思维链。经过对优质基座大模型半年的调优训练，"深小i"应用高质量落地。后续，中国经济信息社将系统化开展"深小i"运营工作，并建立健全问题发现与反馈的闭环管理机制。

此前，深圳市开创了"秒批秒办""免证办"等一系列政务服务模式创新，形成了8000多个政务服务事项、7000余个公共服务事项的在线服务资源。在推进政务服务便利化进程中，海量服务事项、公文化的政策表达、分散的办事渠道让企业群众在办事过程中常面临"查找难、理解难、办理难"的困扰。

聚焦政务服务领域存在的痛点，"深小i"收集9万余份政策文件、68万余条问答、近万份办事指南和实用攻略等资料，梳理形成专业语料。此外，"深小i"充分利用民意速办平台的5000余条企业群众真实诉求，制定71种回答话术模板，构建起与企业群众的问答体系框架。依托人工智能大模型的交互能力，企业群众实现获取政策解答和办事指引"像点餐一样方便"。

精准是"深小i"的核心优势。"深小i"通过对知识图谱涵盖内容进行深度解构和重构，显著提升语义理解能力，并形成专业化思维模式。在政务服务领域，无论是全国性的政策法规还是深圳市的具体情况，"深小i"都能予以高度精准地解答。

截至目前，"深小i"已梳理超200万字的知识图谱，涵盖包括企业开办、社保、公积金、户政、出入境、人才服务在内的6个高频领域。经实测，"深小i"在政务服务领域的一次解答精准率已接近90%。

（二）智能辅助审批

1. 智能辅助审批的意义与效果

智能辅助审批利用智能技术助力审批环节更加高效、精准、公正。通过智能解析和比对申请材料，自动识别证件信息、审核内容合规性，并结合历史数据和规则引擎提供智能审批建议，大幅提升审批效率，缩短办理时限。针对复杂审批事项进行深度分析，结合历史案例、政策法规和业务规则，提供智能辅助决策，帮助审批人员快速做出精准判断，优化审批流程。自动识别审批流程中的瓶颈，提供优化建议，提升整体流程的合理性和执行效率，确保审批工作更加智能化、标准化和高效化，为政务服务提供有力支持。

2.DeepSeek 等人工智能技术应用于智能辅助审批需求分析

当前智能辅助审批领域尚面临多重挑战。例如，审批标准涉及多部门法规政策叠加嵌套，难以快速定位适用条款，易出现"政策引用错误""自由裁量偏差"；政策调整后审批规则库更新滞后，导致"系统标准与最新政策脱节"。在此背景下，DeepSeek 等人工智能技术通过多模态数据解析、动态知识图谱构建等技术，为提升审批精准度与自动化水平提供了实践路径。

3.DeepSeek 等人工智能技术在智能辅助审批的场景应用

在文件审核环节，DeepSeek 等人工智能技术可借助 OCR（光学字符识别）技术，快速将企业群众提交的纸质申请文件转化为电子文本，大大提高了文件处理效率。例如，在企业资质审核中，采用 OCR 技术配合人工智能的文本分类算法，可在短时间内对文件进行分类整理，并提取关键信息。

数据比对在行政审批流程中也至关重要。通过对多源数据的整合与分析，能够更全面、准确地核实申报信息的真实性。以企业税务申报审核为例，DeepSeek 等人工智能技术能将企业申报数据与过往纳税记录进行比对，并与市场监管局、银行等其他部门的数据进行交叉验证。通过将企业申报的营业收入数据与银行流水信息对比，检查是否存在数据偏差。结合市场监管局登记信息，核实企业经营业务范围与申报税种是否匹配。当收入与成本严重不符、纳税申报周期异常等情况时，会发出相关预警，为税务审核人员提供重点审查线索，提高税务审核的精准性和效率，有效防范企业偷税漏税等违规行为。

风险评估是智能辅助审批的又一关键领域。在投资项目审批中，利用 DeepSeek 等人工智能技术，综合分析项目行业前景、市场需求、企业财务状况、信用记录等多方面因素，对项目风险进行量化评估。例如，通过对大量历史投资项目数据以及宏观经济数据的学习，预测项目在未来运营过程中可能面临的市场风险、资金风险等。

在建设工程规划审批中，DeepSeek 等人工智能技术可对申报图纸进行智能审查。传统人工审查图纸，需专业人员耗费大量时间核对各项规范要求，且易出现疏漏。而基于计算机视觉技术的智能图纸审查系统，能够快速识别图纸中的尺寸标注错误、消防设计缺陷等问题，审查时间从数天缩短至数小时，大幅提高审批效率，也提升了审批的准确性与公正性。

4. 应用案例——鄂尔多斯市：智能审批助手创新引领 营商环境再升级[①]

随着城市化进程的加速，建设项目数量增加，传统审批模式面临着前所未有的挑战，施工许可证核发等关键事项审批效率低下、数据校验困难、节假日前审批压力激增等问题日益凸显，成为制约营商环境优化的重要因素。

为了进一步提升行政审批效率，减轻工作压力，鄂尔多斯市创新引入人工智能技术，打造智能审批助手，实现"AI预审＋人工复核"的全新审批模式，以创新功能为政务服务升级注入强劲动力。

实现精准智能核验。智能审批助手的引入，实现了智能预审功能，借助诸如图像文本识别等智能技术，系统能自动提取企业填报信息及上传附件中的关键数据，进行智能比对和校验，快速准确地对办事企业提交的材料进行初步审核，对于需要人工复核的内容，系统会自动标注并整理展示，方便审批人员快速定位问题。这不仅大大减轻了审批人员的工作压力，也有效提升了审批准确性。

统一标准规范审批。通过对审批要点的精细化梳理和标准化配置，智能审批助手确保了不同审批人员对审批要求的理解保持一致，有效规范了审批标准，限制了自由裁量空间。此外，系统的智能提示功能也有助于审批人员一次性告知申请人所有问题，避免多次退回补正的情况发生。

全面提升审批效率。以施工许可审批为例，智能审批助手可

[①] 鄂尔多斯市住房和城乡建设局. 鄂尔多斯市：智能审批助手创新引领营商环境再升级 [EB/OL]. 鄂尔多斯营商环境, 2024-11-21. https://mp.weixin.qq.com/s/wjSKWcaGCnOVR0G5s3XIJA.

同时核验 56 个关键点,包括五方责任主体资质、立项文件、规划许可等内容。在竣工验收审批中,系统可自动核验多达 54 个要点。通过智能化手段,将原本 30 分钟的人工审核时间压缩至 5 分钟左右,真正做到让"数据多跑路、群众少跑腿",显著提升了审批效率。

在施工许可核发环节,系统可智能核验 14 项 56 点,竣工验收备案环节,可智能核验 11 项 54 点,大幅提升了验收效率。同时,持续助力审批规则、材料的标准化,规范行业审批标准,减少因材料格式或表达方式不同而产生的偏差,使审批流程更加公正和客观。

智能审批助手的成功建设,是数字化创新在政务服务领域的一次重要实践,将成为鄂尔多斯市政务服务的一张亮丽名片,不仅有助于提升地区形象,更推动了政务服务水平的整体提升。下一步,鄂尔多斯市将进一步优化智能审批助手功能,扩大应用范围,力争将更多高频事项纳入智能审批范畴,为企业和群众提供更加便捷高效的政务服务。

(三)智能化精准匹配

1. 精准匹配服务的意义与效果

智能化服务推荐能够根据个人需求、历史行为和偏好数据,精准推送符合其实际需求的政务服务。例如,针对不同年龄群体、不同收入水平或不同职业背景,推荐不同的政策、福利或服务。这种个性化的推荐提升了政务服务的针对性,能够让企业和群众更加便捷地获得他们所需的服务,避免信息的浪费和繁琐的查询过程。根据企业群众的行为和需求数据,实时调整推荐策略,有效缩短寻找相关政策的时间,提升政务服务的效率。

2.DeepSeek 等人工智能技术应用于精准服务匹配的需求分析

随着政务服务的不断发展,企业和群众的需求日益多样化和个性化。传统服务匹配依赖人工规则或浅层算法,存在数据割裂、需求理解偏差、动态响应滞后等问题。例如,政策调整、流程优化后,服务规则库更新迟缓,出现"政策已变更、系统仍按旧规指引"的脱节问题。DeepSeek 等人工智能技术通过深度理解与智能分析,为精准服务匹配提供了系统性解决方案。依托动态知识图谱技术,整合政务事项库、政策法规等结构化数据,构建实时更新的服务资源关联网络,确保事项流程、政策条件的时效性关联。在智能匹配阶段,通过深度强化学习将用户需求向量与资源图谱映射,生成最优服务路径。

3.DeepSeek 等人工智能技术在精准服务匹配的场景应用

在企业和群众访问政务服务平台时,基于企业和群众的信息(如年龄、职业、家庭情况等)、历史办事记录以及实时需求,智能推荐相关的政务服务。例如,向即将退休的市民推荐养老保险服务或向符合条件的低收入家庭推荐社会救助服务。通过个性化推荐,市民能够迅速找到最相关的服务,提高办事效率。

政府发布新政策时,企业群众存在未及时关注或了解政策详情的情况,尤其是涉及民生福利、补贴等关注度较高的政策文件。智能化服务推荐根据市民的身份、收入水平、家庭状况等,自动推送与其相关的政策和服务。例如,发布住房补贴政策时,系统可以识别符合条件的市民并自动推荐该政策及相关申请流程,确保政策精准实施。

政府在推出新的政策或服务后，利用 DeepSeek 等人工智能技术，实时监测政策的实施效果。例如，通过分析市民和企业对某项补贴政策的申请和使用情况，帮助政府评估政策是否达到了预期效果，是否存在资源浪费或政策盲区。通过数据分析，政府可以根据反馈及时调整政策内容或实施方式，确保政策更精准地满足社会需求。

4. 应用案例——为企业赋能增效 沂蒙慧眼（企业精准"画像"）系统正式上线 [1]

山东临沂市沂蒙慧眼（企业精准"画像"）系统围绕企业运行全生命周期，整合了发改、科技、市场监管等部门的 70 余项数据资源，应用人工智能技术，搭建算法模型，从基本信息、法人状态、生产效能、信用情况等九大数据维度对企业进行精准"画像"、精准识别，筛选出行业优秀企业向金融机构推送，丰富了金融机构挖掘优质客户的渠道，降低了金融机构的获客成本，有效解决了企业融资贵、融资难问题。现已完成全市 4617 家规上企业、961 家专精特新企业、737 家食品企业的精准"画像"工作，并为河东、沂水等 6 个县区的 1090 家企业评分定级。市级金融机构通过开辟绿色审批通道、创新专项信贷产品、提供优惠利率支持等形式，落实企业精准"画像"的金融应用。目前，工商银行、邮储银行、青岛银行等银行机构已经为首批 30 家企业授信 5.6 亿元。

---

[1] 为企业赋能增效 沂蒙慧眼（企业精准"画像"）系统正式上线 [EB/OL]. 临沂发布，2024-11-15. https://mp.weixin.qq.com/s/N5pwJ1Emi0BRV_H7dm_Vbw.

沂蒙慧眼系统通过涉企数据和算法模型实现对企业的精准"画像"、精准识别。在数据方面，围绕企业全生命周期整合了20多个部门70余项1100余万条内部数据和第三方采购的外部数据，形成了企业基本信息、法人状态、科技创新、生产效能、社会价值、风险识别、企业状况、信用情况、优惠政策等九大数据维度的庞大数据库。在模型方面，针对不同行业、不同规模的需求及各金融机构的不同风险偏好，会同金融机构设计多维企业"画像"指标体系，研发企业"画像"算法模型，融合应用机器学习等人工智能技术不断优化算法模型，模型的准确性获得了金融机构的普遍认可。

延伸阅读

新疆多地部署上线 DeepSeek 大模型

2025年2月21日，新疆维吾尔自治区正式上线基于 DeepSeek 的智慧政务大模型。该模型充分利用本地算力资源，初步实现了对复杂政务服务业务的高效处理，标志着新疆维吾尔自治区政务服务迈入 AI 智能化时代。在新疆维吾尔自治区基层履职事项清单梳理工作中，通过智能解析工具，对人民网留言板、12345政务服务便民热线等渠道的信息进行结构化处理，形成事项参考材料。配套上线的智能问答助手，为基层人员在事项梳理过程中遇到的各类问题提供了及时、准确解答，有效提升了工作效率和质量。新疆维吾尔自治区各地（州、市）积极响应，在智能客服、政策解读、辅助审批等多个领域开展应用服务创新。

克拉玛依市在新疆维吾尔自治区数字化发展局指导下，推动AI技术与政务工作深度融合，助力政务工作模式向智能化、协同化、数据驱动化转变，部署上线DeepSeek大模型，发布数字人"小克"。主要服务场景为街道（乡镇）、社区（村）等。"小克"依托克拉玛依数字底座，面向居民、企业等群体提供"一问一答"政策咨询、"一问一查"智能查询、"一问一办"业务办理等服务，将人工"全岗通"变为AI智能"e岗通"，推动克拉玛依市基层治理走向新阶段。在具体场景方面，一是构建"AI智能宣讲"场景。整合群众、企业等群体的日常需求、高频需求以及特殊需求等数据集，构建融合声音、图片、文字和视频等多模态的传播手段，发布兼具准确性、权威性与生动性的政务信息。二是构建"一问一答"咨询场景。聚焦"党建、治理、服务"三大模块，以克拉玛依智慧党建—源动力在线微信小程序和"新服办—立克办"小程序为主要载体，梳理基层服务事项办理流程和问题解答知识库，持续训练数字人服务模型，解答市民群众咨询的各类问题。三是构建"一问一查"查询场景。选取一些高频事项由"小克"社工引导帮助群众、企业在线办理，进一步充实不见面办理事项数量，提高事项办理效率。同时可在线语音查询水、电、气、暖等公共服务事项和市民办事办理进度。四是构建"一问一办"办理场景。整理归纳居民诉求、居民迁入迁出审核、高龄补贴提醒等事项，通过智能推送进一步提升工作效率。

阿克苏地区创新将"苏心办"小程序接入DeepSeek，推动政务服务由"让群众少跑腿"向"让系统多思考"迭代。依托阿克苏地区"苏心办"微信小程序，以 DeepSeek-V3 大模型为技术核心，通过千亿级参数训练和万亿级语料积累，实现多轮对话、意图精准理解、跨场景服务串联等能力，支持社保查询、公积金提取、企业开办等项政务服务事项"问、查、办"一体化服务，为地区政务服务智能化转型奠定技术基础。通过"真人对话"式服务，重构办事流程，将"关键词检索"升级为"主动引导服务"，以新生儿医保办理场景为例，系统不仅分步骤解析流程，还主动提示办理时效、材料清单等关键信息。以"系统多思考"为目标，将上线"AI 帮办""政策计算器"等应用，实现申报材料智能生成、表格自动填充、企业适配政策精准推送等进阶服务，同时，依托模型语音交互能力，全面打造阿克苏地区 24 小时在线的 AI 政务服务队伍，以"技术+场景+体验"三位一体，驱动地区从服务效率提升向治理能力升级。

昌吉州上线基于 DeepSeek 的智慧政务大模型，整合州长信箱、人民网留言板、12345 政务服务便民热线等九大群众诉求平台，搭建统一的诉求汇聚通道，进一步提升了政务服务的智能化水平。加快上线"吉小 E"数字人，加快一体化协同办公体系建设，全面提升内部办公、机关事务管理等方面共性办公应用水平，通过政府网站、政务服务网（昌吉专区）、吉速办小程序和各级政务服务中心提供政策推送、政策解读、申报辅导等智能化服务。构建数字化、智能化的政府运行新形态，不断提高机关运行效能。加快搭建多维人工智能模型支撑体系，建设"政务 AI 工具箱"，为全州党政机关提供 OCR 识别、语义理解、智能审批等标准化

AI 组件。建立人工智能集成调度支撑系统，实现对人工智能能力的统一调度与服务支撑，实现模型、训练、测评、服务一体应用，为全州各类政务应用定制化快速部署筑牢基础，助力政务服务数字化快速转型。

泉州德化部署 DeepSeek 人工智能赋能政务服务 [①]

泉州市德化县完成基于国产大模型 DeepSeek 的政务审批信息智能导询系统本地化部署，上线智能导询系统"德小智"，实现人工智能政务应用一体化赋能升级。

德化县政务服务中心网络技术股负责人黄天基介绍，去年该政务服务中心在公众号部署了数字政务门牌，实现了 AI 智能导办，但在口语化表达搜索方面不尽人意，现在我们在 AI 智能导办的基础上引入了 DeepSeek。

针对群众口语化表达与书面语差异大导致的咨询事项难查找、难理解、难办理等痛点，"德小智"依托 DeepSeek 大模型多维度数据分析与自然语言交互能力，通过对话精准识别用户需求，结合行业趋势、政策导向、本地资源等信息，快速回应群众需求。

"德小智"集成 DeepSeek 的智能对话功能，构建了"7×24 小时"全天候在线咨询服务体系。当前，办事群众还可以通过"德

[①] 胡宇昊. 泉州德化部署 DeepSeek 人工智能赋能政务服务 [EB/OL]. 新华社, 2025-02-24. https://h.xinhuaxmt.com/vh512/share/12422546?d=134fe70&channel=weixin&time=1741959316506

小智"的"在线预约"功能直接链接到福建省网上办事大厅，实现在线申报。

在个性化服务方面，通过人工"投喂"数据和系统自主学习，"德小智"深度学习相关行业、产业规范与政策文件，能够精准解答企业在环保、用地等方面的专业问题。

广州市政务外网全面上线 DeepSeek 满血版[①]

广州市政务服务和数据管理局在政务外网正式部署上线 DeepSeek-R1、V3 671B 大模型。通过融合海量政务数据要素，大模型将丰富政务服务场景应用，催生政务服务提质增效的"链式反应"。筹划构建基于 DeepSeek 的"1+3+N"智慧政务体系，打造支撑广州"12218"现代化产业体系建设的数字化新引擎。

"1"是指以 DeepSeek 等国产人工智能大模型为核心驱动引擎。广州市政务和数据局将通过深度整合广州市智算运行服务平台算力资源，构建安全可控的政务数据闭环运行环境。从而依托域内政务数据资源开展定向模型训练，实现政务服务的精准化决策与智能化提效。

"3"是推动政务效能、城市治理以及民生服务三个先行场景建设，深化"AI+政务"实践，打造具有国际影响力的"穗智管"城市治理品牌。

[①] 广州市政务外网全面上线 DeepSeek"满血版"[EB/OL]. 广州政府网，2025-02-15. https://mp.weixin.qq.com/s/KvwhgRYaeaL8ZmTfYdGJfg

"N"是指打造"多元共生"产业创新生态。推动民生服务、技术交流、产业协同等多个产业生态多点融合、矩阵发展，广泛汇聚人工智能业界技术领军企业、应用服务商、开发者等各方力量，探讨场景创新空间，聚焦落地效果，形成"需求汇总—技术攻关—场景验证—规模推广"的良性循环。

截至目前，全市各部门在智慧政务领域已有多重探索。

在政务效能方面，广州市政务和数据局建设智能导办应用，对全市2200多项政务事项进行优化，逐步适配政务服务大厅、自助终端、移动端、PC端等多端入口，为市民和企业提供一站式、智能化的办事咨询；广州市审计局建设望道智审大模型，构建覆盖招投标全周期的AI审计模型库，提供标前、招标、投标、评标全流程审计模型。

在城市智慧治理方面，创新"智慧城市"立体化治理范式。广州市规划和自然资源局建设违法占用耕地预警系统，用AI+"高位视频+卫星遥感+无人机"的违法占用耕地行为智能预警大模型系统，全天候"不打烊"地保护耕地资源、维护国家粮食安全提供了有力保障；花都区建设城市多场景AI模型，满足花都区政数局多场景监测需求和全区数字底板建设，全面提升城市巡检巡查工作的智能化与精准化水平。

在民生服务方面，构建民生诉求"智能感知—精准分拨—闭环处置"全链条机制。广州市民政局建设智能问政系统，通过汇集整理救助政策建设政策知识库，以"数字人"形式提供实时更新的智能问政服务；广州市政务和数据管理局12345热线建设智能坐席系统，深度融合NLP模型、ASR、NLU等新技术，构建人机协同智慧热线新模式，市民来电平均等待时长缩短43%，工单转派准确率达97%，有效提升工作效能和服务质量。目前广州12345热线利用已有信创算力资源，第一时间开展DeepSeek模型部署，快速接入智能客服、热线数据智能标注等应用训练。

PART 05

第五章

"人工智能 + 政务服务大厅"
——DeepSeek 赋能下的转型与挑战

> 政务服务大厅作为线下服务的核心载体，正经历从传统窗口向"智能中枢"的全面升级。DeepSeek等人工智能技术助力构建政务服务大厅全天候服务矩阵，驱动政务服务流程高效运转，拓展政务服务能力新边界，推动政务服务向"需求预判 + 精准触达"模式迭代，保障政务服务高效公平、智慧温暖，为数字政府建设提供强大动力。

一、助力构建政务服务大厅全天候服务矩阵

目前，政务服务大厅主要通过线下大厅智能升级和线上大厅全天候服务，推动线上线下深度融合。人工智能通过深度学习、多模态数据融合与本地化知识库训练，为政务服务大厅的线上线下融合提供了"智能中枢"支持。在线上，以智能问答、政策解读、材料预审等功能为核心，构建"秒级响应"的咨询系统；线下则通过智能导办机器人、数字人客服及智能辅助办公工具，优化窗口服务效率。随着信息技术的发展，政务服务正快速从传统的线下模式向线上线下融合的方向转变，实现"一窗受理、一网通办、一体服务"的政务服务新模式。

（一）线下政务服务大厅智能升级
1. 科学规划空间布局，提升办事便捷度

传统的政务服务大厅空间布局往往是按照部门职能划分，群众办事时需要在不同区域来回奔波。DeepSeek 等人工智能技术运用智能分析技术，对政务服务大厅的空间使用情况进行精准评估。通过收集大厅内不同区域的人流量、业务办理频率等数据，合理规划功能分区、设置潮汐窗口，将高频业务办理区、咨询区、休息区等进行科学布局，减少办事群众的等待时间，提高空间利用率。

例如，将高频业务窗口集中设置在大厅的中心且易于到达的区域，减少群众的走动距离。对于一些关联性较强的业务，如企

业开办涉及的工商登记、税务登记、印章刻制等业务窗口，进行相邻设置，形成"一站式"服务专区。同时，合理规划等待区、自助办理区、咨询引导区等功能区域，使整个大厅空间布局更加科学合理，提升群众在大厅内的办事体验。

2. 配备智能服务设施，增强政务服务效能

在大厅内配备多种智能服务设施是 DeepSeek 等人工智能技术赋能实体政务服务大厅的重要举措。在大厅引入智能排队叫号系统，该系统与业务数据库相连，能根据实时业务办理情况，动态调整排队策略；设置智能查询一体机，群众可通过语音或触摸操作，快速查询各类政务服务事项的办理流程、所需材料、办理进度等信息；配备智能引导机器人，它能在大厅内自主巡逻，主动询问群众需求，为群众提供引导服务，带领群众前往相应的办事窗口，有效解决群众在大厅内迷路或不知如何办理业务的问题。

例如，智能引导机器人可以通过人脸识别技术，主动识别群众的身份信息，并根据其预约信息和办理业务的类型，为其提供个性化的引导服务。同时，机器人还可以实时更新大厅内的业务办理情况，为群众提供最新的排队信息和办理进度，让群众能够合理安排自己的时间。

3. 政务服务"增值化"改革，从"单一便捷"变为"综合赋能"

政务服务便利化是做"减法"，以减材料、减环节、减事项等提升服务效能，而政务服务增值化是做"加法"，通过基本服务 + 衍生服务、政府侧服务 + 社会侧和市场侧服务、企业全周期服务 + 产业全链条服务等，推动政务服务从便利化向增值化迭代升级。① DeepSeek 等人工智能技术能够深入挖掘民众在使用政府服务过程中的行为数据和服务反馈，识别出优化点和服务创新的方向，推动政务服务从"单一便捷"向"综合赋能"转变，实现服务的增值化改革。

例如，浙江近年来深化政务服务增值化改革，推动"高效办成一件事"落地落实落细。点开"浙里办"创设的企业综合服务专区，从"政策计算器"的智能匹配，到"企业码"的全场景应用，500 多个便企服务事项、190 余类法人高频电子证照一应俱全。人才、科创、金融、政策、法律……除了基础的行政审批之外，"浙里办"成了涉企服务资源的整合体，围绕企业全生命周期开辟了许多衍生服务。某企业负责人感慨道："再也不用到处查政策，直接享受服务'找上门'就行！"②

（二）虚拟政务服务大厅全天候服务

1. 全场景 AI 政务数字人，实现全天候全流程服务办理

早在 2022 年，广州市南沙政务服务中心就已经推出了元宇宙虚拟政务服务大厅，"戴上眼镜就能进到虚拟政务服务大厅，手柄可以控制走路，去咨询台、5G 服务区、开办企业服务区等区域都没问题，这体验蛮厉害哎！"一位正在体验虚拟政务服务大

---

① 王俊禄. 锚定现代化 改革再深化 | 政府有为 协同有力 企业有感——浙江创新推进政务服务增值化改革观察 [EB/OL]. 新华社, 2024-08-21. https://h.xinhuaxmt.com/vh512/share/12154403?d=134d9b5.

② 邬焕庆，郑可意. "龙"腾杭州的背后——"浙里办"赋能浙江营商环境观察 [EB/OL]. 新华社, 2025-03-02. https://h.xinhuaxmt.com/vh512/share/12430423?d=134febel.

第五章 "人工智能＋政务服务大厅"——DeepSeek 赋能下的转型与挑战

厅的群众发出感叹。①

如今有了等人工智能技术的助力，政务服务大厅不断拓展线上服务的广度与深度，为虚拟大厅和线上平台带来了更丰富的服务内容和更便捷的操作体验，通过构建全场景 AI 政务数字人，构建起"7×24 小时"智能智慧服务体系。将更多的政务服务事项搬至线上办理，实现从简单的信息查询到复杂的业务审批全流程在线操作。通过数字人的加持，虚拟大厅能够提供 24 小时不间断的在线政务服务，群众可以随时随地登录平台办理业务，平台整合行政审批、公共服务、政策解读等各类政务服务事项，数字人提供智能问答、业务引导、政策解读等服务。同时，借助 AI 工具优化线上服务的界面设计和操作流程，让群众能够轻松上手，快速找到所需服务。

例如，北京丰台区数智助手"丰小政"，可以帮助工作人员快速准确理解办事人提出的问题，给出专业详细的答案，大大提高了政务服务的时效性和准确性，为"窗口受理"和"智能问答"持续赋能，有助于提升企业和群众办事的体验感、获得感。②过去企业资质审批需要企业提交大量纸质材料并多次往返政务服务大厅，如今借助 DeepSeek 等人工智能技术，企业可通过线上平台提交电子材料，系统利用 AI 算法对材料进行初步审核，审核通过后直接进入后续审批环节，大大缩短了办理时间。

---

① 许晗 . "元"力觉醒！看看广州的元宇宙政务服务大厅 [EB/OL]. 新华社 ,2023-12-27. https://h.xinhuaxmt.com/vh512/share/11832292?d=134b43b.

② 何非凡 . 全面接入 DeepSeek 北京丰台启用人工智能赋能政务应用 [EB/OL]. 新华社 ,2025-02-18. https://h.xinhuaxmt.com/vh512/share/12414572?d=134fe6a.

2. 整合协同线上平台，提升办事效率

通过人工智能技术，对各类政务线上平台进行整合与协同，可提升政务服务人员工作效率，以实现政务服务的高效协同与资源共享。通过建立统一的数据标准和接口规范，实现不同平台之间的数据共享与交换，不同部门、不同领域的政务服务平台有望统一整合，群众在办理涉及多个部门的复杂业务时，无需再在不同平台之间来回切换，提交一次材料即可完成多个环节的办理。

例如，在办理不动产登记业务时，涉及自然资源、住建、税务等多个部门的数据交互，通过 DeepSeek 等人工智能技术搭建的平台整合体系，各部门数据能够实时共享，避免了群众重复提交材料。同时，优化业务流程，实现跨平台业务的无缝衔接。以企业开办为例，申请人在一个平台提交申请后，系统自动将相关信息推送给工商、税务、银行等部门，各部门协同办理，申请人无须在多个平台重复操作，极大地提高了办事效率。

3. 紧扣实际需求，精准服务享政策

DeepSeek 等大模型通过分析用户的行为数据和业务需求，为群众和企业智能推荐相关的政务服务事项和政策信息。对于新开办的企业，DeepSeek 等人工智能技术可以根据企业的行业类型、规模等信息，为其推荐适用的税收优惠政策、补贴政策等。同时，DeepSeek 等人工智能技术还能为企业提供全生命周期的服务，从企业注册、运营到注销，提供全方位的咨询和指导。

例如，"贵商易"是贵州省企业综合服务平台，该平台围绕"政策找企业更准、企业找政策更易"，创新"政府、企业、金融机构、消费者"四端数据融通的对企服务新模式，精准提供找政策、找

政府、找资金、找市场、找服务、找人才的"六找"服务。平台的"政策咨询助手"功能,通过精准匹配政策并提供通俗易懂的解读,让政策一目了然。无论是税收优惠、奖补申请还是产业扶持等政策,企业主无需再耗费大量时间和精力钻研晦涩难懂的政策文件,通过"贵商易"平台就可以一键获取精准匹配的政策信息。①

二、驱动政务服务流程再造与跃升

在政务服务流程再造与效能跃升层面,AI 通过数据驱动和数字赋能,实现了资源的精准调配与优化配置。通过 AI 驱动的流程再造技术将多部门层层审批优化为并联审批,精简审批环节,提升审批质量。此外,AI 通过精准解读政策并及时更新,保障信息准确及时,智能推送服务则精准满足了群众的需求,进一步提升了服务的针对性和便利性。设备智能化升级与运维优化成为服务提质的关键支撑,保障设备稳定运行,提升效率和群众体验。整体形成"流程数字化、政策精准化、设备智慧化"三位一体的政务服务新模式。

(一) 流程数字化

1. 优化事项流程,简化办事环节

DeepSeek 等人工智能技术全面梳理和优化政务服务事项流

---

① 王涛. "贵商易"平台全面接入 DeepSeek,开启政务智能服务新篇章 [EB/OL]. 贵阳网 ,2025-03-05.https://www.gywb.cn/pages/web/2025/03/05/96e1ba 034a1d45bf9e43652d7219e122.html.

程。以行政审批事项为例,以往多部门层层审批,流程冗长。DeepSeek等大模型借助数据共享和智能协同技术,实现部门并联审批。申请人提交申请后,系统自动将材料分发给相关部门,各部门同时审核,审核结果实时共享。对于标准化程度高、风险低的事项,引入自动化审批流程。

例如,江西省进贤县政务服务中心在搜索、咨询、办事、评价等关键环节,量身定制多项 AI 解决方案,将自然语言处理、机器学习等 AI 技术全面应用于政务服务,实现了智能检索秒速响应、智能问答精准高效、AI 边问边办流畅体验、智能填表一键完成、智能预审前置便捷、智能评价即时反馈,全方位重塑政务服务流程,让企业和群众无须再为繁琐的信息查找而烦恼。[①]

2. 实现审批智能化,提升审批质量

DeepSeek等人工智能技术为政务审批提供智能化支持。在企业营业执照申请中,系统利用 AI 的图像识别、文本分析等技术,自动识别申请人提交材料的真伪和完整性,对关键信息提取比对。符合要求的材料直接进入下一环节,存在问题的材料自动生成提示信息。同时,DeepSeek等人工智能技术根据历史审批数据和政策法规,为审批人员提供智能辅助决策,自动推送案例参考、政策解读和风险提示。

例如,北京经济技术开发区数智人"小亦"在正式接入DeepSeek大模型引擎后,构建了立案审查等 6 类智能体和法律

---

① 樊亚莹.江西进贤:DeepSeek 赋能政务服务[EB/OL].新华社,2025-02-25. https://h.xinhuaxmt.com/vh512/share/12424119?d=134fe71.

法规库等 4 个数据集，为高频案由提供全流程智能辅助办案，有效提升了执法效率和公正性，实现从案源阶段到执行结案阶段的全流程智能辅助。案件处理效率提升 3 倍以上，执法文书内容生成速度提升 15%，证据审核效率提升 12%，裁量标准一致性提升 20%……有效解决了区域内案件数量庞大、类型繁多、执法人员不足等问题。①

（二）政策精准化

1. 精准解读政策法规，助力理解政策

DeepSeek 等人工智能技术利用自然语言处理技术和知识图谱构建，对政策法规进行精准解读。通过对政策法规文本的深度分析和语义理解，将复杂政策条款转化为通俗易懂的语言，以图文、视频、案例等多种形式呈现，方便群众和企业理解和应用。通过智能问答系统，群众和企业可随时咨询政策问题，系统快速给出准确解答。同时，DeepSeek 等人工智能技术根据不同用户群体需求和特点，进行个性化政策解读推送，根据不同需求，辅助企业群众显著提升办事效率。

例如，陕西省西安市医保局在引入 DeepSeek 大模型技术后推出智能问数和智能问政服务，整合了医保 12345、12393 客服知识库，形成了涵盖医保政策、报销流程、门诊慢特病申请等高频咨询内容的综合知识库，通过关注"西安市医疗保障局"微信

---

① 黄巧维. 北京经开区百变政务数智人正式接入 DeepSeek 大模型引擎 [EB/OL]. 北京亦庄,2025-02-20.https://mp.weixin.qq.com/s/E_g6kKxeHzECWybcRJMlOw.

公众号，为医保政策解读、办事指南等各类问题提供 24 小时解答服务。未来还将逐步开放智能问稿、智能问策等功能，为医保基金的全生命周期管理提供 AI 赋能。①

2. 及时更新政策法规，确保信息准确

为了确保政策法规信息的及时性和准确性，可以利用 DeepSeek 等人工智能技术建立一套完善的更新机制，通过与政府部门的政策发布系统进行对接，实时获取最新的政策法规信息，并及时更新到政务服务平台和相关数据库中。同时，还能够对政策法规的变更进行智能监测和分析，及时发现可能存在的问题和风险，并向相关部门发出预警，为政策法规的制定和实施提供科学依据。

例如，在人工智能大模型加持下，深度语义理解框架的政策精准解析能力与政策文件核心要素提取的准确度可以大幅提升，新政策出台或旧政策修订后，大模型迅速对其进行整理更新，并在政务服务大厅显示屏、线上平台等渠道及时发布。通过短信、推送通知告知关注该政策的群众和企业，还能对政策更新前后内容对比分析，帮助企业群众理解新政策。

（三）设备智慧化

1. 智能化升级设备，提高办公效率

传统政务服务大厅的设备功能相对单一，难以满足日益复杂

---

① 魏彤. 西安医保牵手 DeepSeek 开启政务数智协同新模式 [EB/OL]. 三秦网，2025-03-06. https://www.sanqin.com/2025-03/06/content_11088512.html.

第五章
"人工智能+政务服务大厅"——DeepSeek赋能下的转型与挑战

的业务需求。在政务流程的高效运转中，设备的智能化升级扮演着至关重要的角色。DeepSeek等大模型通过引入先进的智能技术，对政务服务大厅的各项设备进行全面升级。从智能排队叫号系统到智能查询一体机，再到智能引导机器人，这些设备的引入不仅提升了政务服务大厅的服务效率，更极大地改善了群众的办事体验。

例如，在政务服务大厅中，自助服务终端机已经从传统的简单查询和打印功能，升级为能够自动识别用户身份、处理复杂业务申请的多功能一体机。这些设备利用图像识别技术实现快速的身份验证，并结合自然语言处理能力进行精准的信息输入和输出。对于一些需要大量数据录入的工作，如企业年报申报或个人税务申报，自助终端机可以自动提取相关数据，减少人工操作的错误率。

2. 优化设备运维，保障设备稳定运行

传统设备运维多为故障后维修，易导致业务中断。DeepSeek等大模型利用大数据分析和预测技术优化设备运维，在设备上安装传感器，实时采集温度、电压、运行时长等数据，通过算法模型评估和预测设备健康状况，提前发现潜在故障隐患。同时，DeepSeek等人工智能技术还能够根据设备的使用情况和性能状况，自动生成运维计划和建议，为运维人员提供科学依据，提高了运维工作的效率和质量。通过对服务器的性能数据进行分析，DeepSeek等人工智能技术可以提前预警服务器可能出现的过载情况，并建议运维人员及时调整资源配置，确保系统的稳定运行。

例如，智能运维系统预测某台打印机硒鼓即将耗尽，或某个部件可能出现故障时，系统便提前发出预警信息，运维人员可及时更换或维修。同时，DeepSeek 等人工智能技术根据设备使用情况合理安排维护计划，提高设备使用寿命和可靠性。通过对设备运行数据的实时监测和分析，提前预测设备可能出现的故障，及时进行维护和修理，减少设备停机时间，确保系统的稳定运行。

三、拓展政务服务能力新边界

对于政务服务参与主体而言，DeepSeek 等人工智能技术使数字人上岗成为可能，AI 技术推动政务服务从"人力密集型"向"智能协作型"转型，创新基层能力发展、减轻基层负担；智能外脑为领导决策提供科学参考，决策模式实现"经验直觉"到"数据智能"的跨越；企业群众的办事过程开启全新的智能交互体验，从"标准化办理"升级为主动式、增值型"个性化服务"。最终形成"群众满意、基层减负、治理升级"的良性循环，使政务服务大厅成为"有智慧、有温度、有生命力"的治理共同体，为数字政府建设注入核心引擎动力。

（一）人机协同助力基层减负

DeepSeek 等人工智能技术在政务服务大厅的深度应用，正在从多个方面推动政务服务人员的角色转型以及服务方式的升级。通过智能问答、智能检索、政策解析、材料预审等功能的落地，政务服务大厅从传统的"人工窗口"单一对外服务向"人机协同"的智慧化服务场景转变，基层压力得到有效缓解，政务服务人员的价值定位得到了重塑。

第五章
"人工智能 + 政务服务大厅"——DeepSeek 赋能下的转型与挑战

近年来，随着"高效办成一件事"工作的大力推进，AI 在政务服务领域"大显身手"。在效率提升方面，由 DeepSeek 等人工智能技术构建的 AI 助手显著减轻了政务服务人员的重复性劳动。

例如，江西省弋阳县"弋心一意"AI 小助手是在梳理弋阳县政务服务大厅各窗口高频服务事项办事指南和资料流程的基础上，全面接入通义和 DeepSeek 大模型，利用检索增强生成技术，实现群众办事 AI 智能问答，流程资料一键全览，窗口事项高效联办。[①]

在服务创新层面，DeepSeek 等人工智能技术赋能政务服务从标准化向个性化跨越。从工作体验优化方面，有了 DeepSeek 等人工智能技术的赋能，政务服务人员不再聚焦于过去模式化的公文写作以及繁琐的重复事务性工作，而是需要把更多的精力放在学习新工具的使用、决策分析、协作创新等新的工作领域，工作内容相比过去有了很大的改变。

（二）数智驱动赋能管理转型

除了政务服务工作人员，DeepSeek 等人工智能技术也在潜移默化地影响着政务服务管理人员，在决策能力、协作模式以及责任边界都发生了变化。在决策能力方面，DeepSeek 等人工智能技术的语义分析、逻辑推理及预测能力，可以帮助管理人员挖掘政务数据中的潜在规律。早在 AI 时代来临之前，政务服务已经积累了海量的数据，不管是各级政务服务大厅产生的办件数据，

---

① 上官紫迎.江西弋阳：政务服务引入 DeepSeek "弋心一意"服务企业群众[EB/OL].新华社，2025-02-20. https://h.xinhuaxmt.com/vh512/share/12417622?d=134fe6c.

政务服务"好差评"数据，还是各省市政务服务门户及移动端产生的办件数据及访问数据。在这些海量数据的背后，存在着极大的挖掘意义。利用 DeepSeek 等人工智能技术对这些海量数据的智能分析，可以推动决策从"经验驱动"转向"数据驱动"，提升政策制定的精准性与预见性，从而高效地优化政务服务。

例如，深圳市龙岗区基于国产大模型，从 2024 年起陆续上线 34 个政务 AI 应用，涵盖政务办公、城市治理、民意速办等核心领域，并取得显著成效。在政务办公方面，公文写作助手支持政策解读、文件起草、智能校对，提升了公文处理效率；拟办意见自动生成功能结合政务语境，智能提取关键信息，助力公职人员快速决策。①

在协作模式方面，技术应用要求管理人员掌握人机协同技能，公文处理、行政审批不再是主要的工作内容，对 AI 工具的使用，对 AI 生成内容的决策分析成为管理人员新的"必修课"。

在责任边界方面，AI 介入政务后，管理人员需平衡效率与安全。政府部门应构建覆盖 AI 技术全链条的安全与合规体系，通过强化技术伦理审查机制、完善全生命周期数据安全管控等举措，保障人工智能应用的合规性与伦理可控性，为现代治理体系的高效化、安全化、智能化转型提供支撑。这要求管理者以系统性思维平衡技术创新与制度约束，在明确"人机权责框架"的基础上，实现技术工具性与治理效能的最优耦合。

---

① 卫韦华. "尝鲜"DeepSeek 深圳龙岗"解锁"智慧政务新体验[EB/OL]. 新华社，2025-02-08. https://h.xinhuaxmt.com/vh512/share/12400927?d=134fe60

（三）惠企便民"好办""智办"

随着经济社会的快速发展和数字化政府转型的深入推进，企业与群众对政务服务的需求呈现出便捷化、精准化、多元化的发展趋势。企业方面，经营主体期待更加便利的营商环境，希望政务服务能够突破地域限制、打通数据壁垒，实现政策申报、跨部门审批等事项"一网通办""跨省通办"，同时要求提高政策透明度和稳定性，在助企惠企、融资支持、知识产权保护等领域获得更精准的政策匹配和免申即享服务。群众方面，公众对婚育住房、社保医保、就业创业等高频民生事项的线上办理、智能导办、远程导办需求激增，期待"掌上办""家门口办""最多跑一次"等服务场景的普及，尤其关注办事流程的简化、办事材料的精简以及办事周期的缩短。总体而言，企业群众都迫切要求政务服务从"能办"向"好办""智办"升级，各级政府也在积极依托大数据、云计算、人工智能等技术提升政务服务效率。

随着DeepSeek等人工智能技术在政务服务领域的应用，企业群众的办事效能得到显著提升，具体表现在需求洞察前置化、服务供给个性化、服务场景无界化三个方面。

在办事前，DeepSeek等人工智能技术通过分析海量政务数据，为企业群众"精准画像"，通过逻辑推理企业群众的诉求，结合政务服务模式创新，将企业群众的需求洞察前置化，为企业群众实现"免申即享"。

在办事中，DeepSeek通过自然语言处理技术，将政务服务前端交互革新，实现服务供给个性化。在敦煌市政务服务中心，市民如需咨询政策、业务办理流程等，可在政务服务通的PC端或者手机微信公众号"敦煌政务通"输入问题，DeepSeek 模型就能即时响应，提供精准的信息①。

此外，DeepSeek 可为企业群众提供 24 小时"不打烊"服务，实现服务场景无界化。"海易办"平台智能客服"小椰"自 2024 年 4 月上线以来，日均处理咨询量达 2800 余次，累计推荐办事服务超 58 万次，此次接入 DeepSeek 大模型后，在其强大的语义理解与多模态数据处理能力的加持下，"小椰"在语义理解准确率、咨询覆盖面、问答精准度、问题解决率、响应用户效率等方面实现显著提升，为企业及群众提供"7×24 小时不打烊"政务咨询服务，问答面涵盖办事指南、政策解读、办事流程指引等各类问题，从基础问答服务向全流程智能导办转变，精准满足企业群众多元化、个性化的咨询需求，实现一线业务人员和企业群众"双减负，双高效"。②

DeepSeek 等人工智能技术将驱动政务服务大厅从"实体窗口"向"无边界智慧服务枢纽"跃迁：通过 AI 构建全智能交互空间，实现"远程虚拟窗口""智能秒批"等无感服务；依托精准需求洞察与智能风险预警，推动服务从标准化办理升级为主动式、增值型"认知服务"；更深层次上，以跨部门数据融通与人机协同机制，重构政务服务生态，使其成为治理创新的核心引擎。未来的政务服务大厅将不再是冰冷的办事场所，而是"有智慧、有温度、有生命力"

---

① 秦美娜，徐海鹏."敦煌政务"接入 DeepSeek[EB/OL]. 新华社，2025-02-20. https://h.xinhuaxmt.com/vh512/share/12423422?d=134fe71.

② 吴茂辉.海南政务服务平台"海易办"智能客服"小椰"接入 DeepSeek[EB/OL]. 新华社，2025-02-20. https://h.xinhuaxmt.com/vh512/share/12416901?d=134fe6c.

的治理共同体——在这里，技术赋能与人本价值共振，效率革新与公平普惠共存，最终实现"群众满意、基层减负、治理升级"的良性循环。

四、人工智能技术带来的政务智能化改革方向

政务服务大厅的日常运转是涉及跨部门协作、高频政策调整、多元群体需求满足的复杂系统。当引入人工智能技术试图提升政务服务效率时，这些复杂性却转化为现实挑战：

流程碎片化与跨部门协同失效：政务服务事项办理流程往往涉及多部门、多环节的协同作业，例如企业开办需要市场监管、税务、社保、银行等多个部门联动审批，形成"一站式"服务链条。然而，人工智能技术的介入若仅停留在前端的交互优化方面（如自动化填表、智能问答），却未能打通跨系统数据接口或重构协作机制，整个政务服务流程出现多处衔接漏洞的困境依然存在。

用户习惯与数字鸿沟矛盾：政务服务的对象涵盖全年龄段、全文化层次群体，而人工智能技术的使用门槛可能加剧"数字鸿沟"，形成"技术便利歧视"，进一步提高"技术门槛"。老年群体因视力退化、操作能力有限，往往难以独立完成人脸识别、语音交互等流程；残障人士更可能因无障碍设计缺失，难以享受到更智能的政务服务体验。

复杂场景处理能力不足：政务服务中存在大量涉及历史遗留问题、政策模糊性或需人文关怀的复杂场景，例如农村土地权属纠纷、政策过渡期执行、高龄老人生存认证等。此类事务往往需

要政务服务工作人员综合运用法规条文、地方惯例甚至伦理考量进行灵活处置，而人工智能系统受限于算法逻辑的刚性、训练数据的局限性，难以有效处理三类挑战：一是信息残缺（如档案丢失、证照不全），人工智能无法像人类一样通过侧面调查或口头承诺补全信息。二是规则冲突（如地方政策与上位法不一致），人工智能缺乏价值权衡能力。三是情感沟通（如安抚信访群众），人工智能的程式化应答可能会激化矛盾。

过度依赖导致服务韧性下降： 当政务服务工作人员长期依赖人工智能处理常规业务，可能逐渐丧失独立判断能力和应急操作技能，形成"技术路径依赖"。一旦遭遇系统故障（如服务器宕机）、网络攻击或突发政策调整，整个服务体系将陷入瘫痪。更深层的风险在于，人工智能的"黑箱"特性使错误决策难以被及时发现和纠正：如果所有审批均依赖算法，工作人员可能盲目信任系统输出，忽视人工复核的必要性。

上述风险，其本质在于技术创新与政务服务规律之间的矛盾。效率提升不能以牺牲公平为代价，流程优化不可忽视人文温度，技术赋能不应替代制度革新。未来的政务智能化改革，需建立更系统的风险防控机制——既要通过数据共享、规则迭代提升技术适配性，又要保留人工服务的"安全冗余"；既要追求审批速度，又要筑牢弱势群体的权益屏障；既要肯定技术工具的辅助价值，又要警惕"唯效率论"对公共服务初心的侵蚀。唯有在技术创新与人性化服务之间找到平衡点，才能真正实现"让数据多跑路，让群众少跑腿"的改革承诺。

> **延伸阅读**

"龙"腾杭州的背后
——"浙里办"赋能浙江营商环境观察[①]

新春伊始,杭州科创企业"六小龙"声名鹊起,让中国乃至世界的目光再次聚焦于浙江这片创新沃土。

浙江科创企业何以敢作善成?浙江的营商环境何以备受好评?

当人们纷纷探寻"浙江为什么能"的密码时,一个已经运行10年、汇聚1.3亿注册用户的政务服务数字平台"浙里办",成为一扇重要的观察窗口。

一种推力:不断优化为企服务

杭州"六小龙"的横空出世,让杭州迅速成为许多科创型新企业、小企业的向往之地,一些年轻的创业者纷纷踏足这里,寻找自己的"成长龙珠"。

2月27日,从2025年浙江科技创新体系建设工程部署推进会上传来好消息:今后凡来杭、来浙的初创型科技企业可登录"浙里办",在"科技创新"应用中的"浙里科技贷"模块测算企业创新积分,同步对接最多3家金融机构预授信,重大项目可采用"浙科贷过桥+科创基金投资"组合方案。

[①] 邬焕庆,郑可意. "龙"腾杭州的背后——"浙里办"赋能浙江营商环境观察[EB/OL]. 新华社,2025-03-02. https://h.xinhuaxmt.com/vh512/share/12430423?d=134febel.

"一个'浙里办'就解决了可能在其他地方找人都办不好的金融信贷问题,足见浙江优企服务的力度和创新度。"被赞可成为杭州下一批"小龙"的杭州叙简科技负责人金国庆说。

事实上,浙江近年来深化政务服务增值化改革,推动"高效办成一件事"落地落实落细。"浙里办"成为发挥改革赋能倍增作用,整合公共服务、社会服务和市场服务功能的重要载体。

点开"浙里办"创设的企业综合服务专区,从"政策计算器"的智能匹配,到"企业码"的全场景应用,500多个便企服务事项、190余类法人高频电子证照一应俱全。与此同时,各地按照省内统一建设规范,先后上线地方特色企业综合服务平台。

"您好,钱塘新区'雏鹰'企业领飞政策已开放申报,申报说明可点击链接前往平台了解查看。"杭州遂真生物技术有限公司总经理助理陈良锋的手机上,定期收到"企服新干线"平台推送的短信。这个依托行业属性、企业规模、经营数据等9大维度构建企业画像的智能平台,已为3万余家企业建立数字档案,归集各级政策261项。

"人才、科创、金融、政策、法律……除了基础的行政审批之外,在企业发展的不同阶段,我们要关注的事都不同。"陈良锋说,如今,他感受到的变化是,"浙里办"成了涉企服务资源的整合体,围绕企业全生命周期开辟了许多衍生服务。"再也不用到处查政策,直接享受服务'找上门'就行!"

一种温度:有呼必应的"大小事"

这两年,"浙里办"的故事在社交媒体上频频"出圈"。借由它,一位浦江市民跨越时空与已故父亲三十余年前的影像"重逢"、一对湖州的沼虾养殖户夫妻获得了专家的远程技术指导、一名高

第五章 "人工智能+政务服务大厅"——DeepSeek赋能下的转型与挑战

校学生获得了撰写毕业论文所需要的人流量数据……这些看似寻常的生活小片段,拼凑出"伴你一生大小事"的服务承诺。

作为浙江群众和企业办事服务的总平台、总入口,"浙里办"推动政务服务向更深更广的维度扩展,努力实现"有呼必应"的双向奔赴。

衢州创业者裴海军对此感触颇深。2025年初,他的传媒公司因材料缺失面临开业危机。在"浙里办"的"企呼我应"平台写下诉求后,柯城区文化和旅游体育局启动"容缺办理"机制。5天后,裴海军如期开业的心愿实现了。

这样的"点单式"响应模式正在全省推开。据统计,2024年,群众通过"浙里办"向浙江省"民呼我为"平台反映的事项达82.34万件次。

与此同时,一条数据变化曲线令"浙里办"运营团队欣慰:2022年群众和企业投诉建议25.7万件,这一数字在2024年降至6.3万件。

"这并不代表矛盾消失了,而是治理机能在进化。"浙江省数据局相关负责人说,针对高频投诉事项,"浙里办"创新构建"一类事"治理机制,以解决一个诉求带动破解一类问题,使事项更集成、办事更高效。

金国庆说,叙简科技在杭州余杭发展这么多年,逐渐成长为世界领先的城市公共安全智能体服务商,一个根本原因是这里的政府"无事不扰,有呼必应","很多事情我们只要通过'浙里办'一呼求,政府马上就会派人登门服务。"

同样的案例还发生在动子科技(宁波)有限公司负责人身上。

他于2021年来到浙江余姚创业，在人形机器人赛道开展科技攻坚。他说，驱动自己干事创业的不仅有对专业的热爱，还有政府集中优质资源、倾听企业需求、支持企业发展的强大助力。

最近，这位负责人需要为企业开具一份征信报告。通过"浙里办"办理，无纸化、零跑腿、高效能——这样的使用感受一如平常。"真正好的服务就像空气，平时并不会刻意强调它的存在，但在你需要时永远触手可及、不可或缺。浙江的政务服务系统已经做到了这一点。"他说。

一种理念：不断升级的现代化服务型政府

回溯"浙里办"十年发展历程，其演进轨迹恰是浙江以数字化建设实现治理现代化的缩影：2014年以政务服务网手机客户端应用的形态破茧，历经"四张清单一张网"、"最多跑一次"、数字化改革的淬炼，如今成为数字政府建设的标杆。

一个根本性叩问贯穿其间：群众、企业到底需要什么样的政务服务？"浙里办"以高质效运行给出有力回答：建设"整体政府"。

在浙江，无论通过线上移动端、PC端，还是线下的政务服务中心窗口、自助服务一体机，人们都能用一套标准办成事。这背后，是条线整合、系统对接、数据共享、业务协同的改革智慧。

"企业有需求、群众有困难，不应四处求助、逐个寻找对应部门；要办成一件事，不应先研究清楚政府部门内部的复杂分工、办事流程。"浙江省数据局相关负责人说，以"整体政府"理念服务企业群众，已日益成为浙江全省的共识，而其"精髓"就在于标准化。

"群众确有所需、企业确有所盼的事，就像各式各样待建的楼房。当我们手中有了大量的标准化'砖块'，就可以高效'盖房子'。"浙江省数据局相关负责人说。

目前，浙江20余万个政务服务事项已标准化为3638个，其中3093个接入"一网通办"，实现"一事项一表单一流程"。

以"一网通办"为基础，浙江省数据局得以把控省内所有事项办理的入口与出口。"我们掌握着数据流转的全部流程。这些实时的、真实的数据具备很高的决策参考价值，能够让民意转化为精准的改革指令。"浙江省数据局相关负责人说，服务沉淀数据，数据反哺服务，体现了现代化政务服务的关键词——智能。

通过迭代各类智能算法模型，"浙里办"实现85.1%的搜索精准度，提供智能推荐事项252件。围绕事项申报、受理、办理等关键环节，工作人员利用大数据持续监测政务服务效能，不断提升政务服务的快办优办水平。

"我们要做的，始终是从政府视角转为人民视角，从管理视角进化为服务视角。"浙江省数据局相关负责人说。

（新华社杭州2025年3月2日电　记者郧焕庆、郑可意）

"元"力觉醒！看看广州的元宇宙政务服务大厅[①]

"我们的元宇宙政务服务大厅以沉浸式、交互性、趣味性为特点，群众来我们大厅不仅可以来办事，还能体验新技术为大厅

---

① 许晗."元"力觉醒！看看广州的元宇宙政务服务大厅[EB/OL].新华社,2023-12-27. https://h.xinhuaxmt.com/vh512/share/11832292?d=134b43b.

带来的科技感。"广州市南沙区政务服务数据管理局钟明君介绍说,新技术的运用将加快数字政府建设,推动线上线下融合,群众企业来这里体验元宇宙大厅的服务,也会提出意见建议,这将有效提升新技术在政务服务体系建设中的融合运用,更加适配实际服务场景。

这里不仅有创新的服务体验,还有实打实为企业群众办事的暖心服务。

在大厅的开办企业服务专区,办事群众坐在电脑前就能进行事项办理,最快90分钟就能办完。"以前来办事要提前一两天约号排队,现在线上就能办,特别方便,特别满意!"广州市彤曼财务咨询有限公司的工商财务顾问肖艳蓉说。

为方便准备在南沙"扎根"的港澳企业和群众办事,南沙区建立了"南沙政务港澳服务中心",聘用港澳员工提供专属服务。同时,推出了港澳专属"政务懒人包",在众多政务服务事项中,将涉及港澳相关的服务内容精选出来,结合港澳的语言特色和生动有趣的图文海报进行解读,让港澳的企业和群众"秒懂"政务服务"去哪办、怎么办"的问题,帮助他们在大湾区更好地生活和发展。

"我们不仅要服务好南沙的企业群众,帮助南沙的企业筑梦这里,也要让有意向投资南沙、来南沙发展的港澳企业和群众爱上这里。"香港籍服务专员陈慧兰说道。

这就是我们身边的政务服务大厅,欢迎前往打卡,感受"元"力觉醒和暖心服务!

第五章
"人工智能＋政务服务大厅"——DeepSeek 赋能下的转型与挑战

全面接入 DeepSeek
北京丰台启用人工智能赋能政务应用[①]

丰台区政务服务和数据管理局（以下简称"丰台区政务和数据局"）积极推进人工智能赋能政务服务，探索算法开发与场景落地的协同发展。

2025年2月18日，丰台区政务和数据局联手中国经济信息社和北京丰台城市数字科技集团有限公司，成功在政务云本地部署了 DeepSeek 大模型环境，并在全市率先将其应用于政务服务领域，上线了"丰小政"数智助手。该政务智能体由中国经济信息社负责应用开发和模型调优、北京丰台城市数字科技集团提供算力支持，构建起安全可控的政务知识库，在数据安全与权限管控的双重保障机制下，为企业和群众提供更加便捷、高效、精准的政务服务，为政务服务场景注入了全新活力。这一创新举措不仅是丰台区优化营商环境、推动"高效办成一件事"改革的重要一环，更是"数字丰台"建设的生动体现。

作为丰台政务服务百事通的重要载体，"丰小政"数智助手聚焦丰台区政务服务"清零热线"和企业群众办事需求，它可以帮助工作人员快速准确理解办事人提出的问题，给出专业详细的答案，大大提高了政务服务的时效性和准确性，为"窗口受理"和"智能问答"持续赋能，有助于提升企业和群众办事的体验感、

[①] 何非凡. 全面接入 DeepSeek 北京丰台启用人工智能赋能政务应用 [EB/OL]. 新华社,2025-02-18. https://h.xinhuaxmt.com/vh512/share/12414572?d=134fe6a.

获得感。

近年来,丰台区积极响应时代号召,在中国经济信息社的助力下,构建起高效政务服务生态的坚实框架。从"数字底座"的筑牢到便民服务的加速,从办事"快车道"的开辟到营商"公平秤"的校准,都彰显着丰台区在提升政务服务效能、改善营商环境道路上的决心与成效。

未来,丰台区政务和数据局将以DeepSeek部署应用为新起点,与有关业务部门携手合作,将政务服务的改革创新和企业群众的迫切需求紧密结合,持续优化大模型与现有政务系统融合升级,推动政务服务向纵深场景维度、向广袤科技领域拓展和延伸,不断满足人民群众对高效、便捷政务服务的新期待。

PART 06

第六章

DeepSeek 等人工智能技术助力 12345 热线步入转型快车道

> 在政策与技术的双重推动下，12345热线正在从"被动办理"向"主动治理"、从"接诉即办"向"未诉先办"转型。其中 DeepSeek 等人工智能技术的使用有效提升了民众诉求的处理效率，但在实际应用中，也存在着一些"技术盲区"。

一、加速 12345 热线服务质效双提升

当前，DeepSeek 等人工智能技术凭借其卓越的逻辑推理、自然语言处理及语音识别能力，通过对专业知识的深度训练，加速推动热线服务向智能化转型。

（一）精准识别诉求，实现智能高效转化

在 12345 热线受理环节，DeepSeek 等人工智能技术能够精准识别理解企业和群众诉求，为后续工作奠定了坚实基础。

1. 依托先进的自然语言技术处理能力，实现企业和群众诉求的精准转化

当企业和群众拨打 12345 热线时，人工智能技术能够迅速理解其具体诉求，并通过高效的语音识别技术将口语表达转化为标准化的文本信息。例如，在处理一些包含地方特色词汇的表述时，如"俺家那暖气不热乎"，人工智能可以通过方言知识关联训练，准确理解用户需求，将其转换为"我家暖气不热"。

目前，很多地区 12345 热线在积极探索部署 DeepSeek 等人工智能技术。例如，黑龙江省 12345 热线应用 DeepSeek 的语音到文字实时转换能力，为热线座席配备高效的"速记员"，精准捕捉企业和群众的每一句话，同步完成语音识别，并将通话内容自动转化为结构化文本，实现语音对话和文字的同步分离，大幅降低记录难度，有效提高座席效率，口述转文字准确率提升到

93%以上。[①]鄂尔多斯市积极探索部署 DeepSeek-R1 大模型应用，将 AI 技术与 12345 热线融合创新，12345 热线话务员在 AI 的辅助下，迅速完成了诉求工单记录、整理和派发。通过比对，在保证工单信息完整性与准确性的基础上，单个企业和群众诉求受理时间较往常缩短了一半以上[②]。

2. 突破人工局限性，实现诉求解析自动化

在传统的热线受理过程中，话务员需要手动逐字记录企业和群众的诉求，并从复杂的语句中艰难地提取关键词，凭借个人经验对问题进行分类和归档，这一过程不仅耗时费力，还极易出现错误，导致工单生成流程冗长且效率低下。相比之下，DeepSeek 等人工智能技术能够在企业和群众来电的瞬间智能剖析其话语内容。例如，群众反馈"小区门口那几个路灯坏了好几天，晚上黑灯瞎火的"，系统能够迅速锁定"小区路灯损坏"这一关键要点，自动将问题精准归类至"公共设施故障"范畴，并依据标准模板迅速生成逻辑严谨、格式规范的结构化工单。这种技术的应用极大地减轻了人工操作的繁重负担，切实提升了热线受理的整体效能。

例如，黑龙江省 12345 热线部门同时应用 DeepSeek 的语义理解和意图识别能力，自动总结对话内容，自动提取诉求关键信息，智能生成工单标题、摘要，并精准填写到工单对应字段，有效提高了诉求内容的完整性、准确性[③]。

[①③] 曲静. 黑龙江省 12345 热线接入 DeepSeek[EB/OL]. 黑龙江省人民政务官网，2025-03-05. https://hlj.gov.cn/hlj/c107857/202503/c00_31817357.shtml.

[②] 新华社. DeepSeek 赋能民生服务 鄂尔多斯 12345 热线再革新.

（二）强化语义分析，提升工单分派精准度

在 12345 热线中，派单环节是确保企业和群众诉求得到有效处理的关键步骤，DeepSeek 等人工智能技术极大提升了分派单精度。

1. 提升工单分类精度，助力智能分类与细化管理

当企业和群众的诉求经过受理环节后，人工智能会运用其语义分析和意图识别功能，对工单进行智能分类。首先会根据问题的性质进行一级分类，如民生服务、城市管理、政务公开等。例如，对于群众反映的路灯损坏问题，会被归类到城市管理类别中；对于咨询医保报销政策的，则归为民生服务。这一分类过程基于预先构建的知识图谱和大量的样本数据训练，知识图谱中包含了各种政务领域的实体和关系，系统通过比对企业和群众诉求中的关键词和概念，确定其所属的类别。在一级分类的基础上，人工智能技术支持进一步进行二级、三级等自主分类，将问题细化到具体的部门或业务领域。比如在城市管理类别中，对于乱摆摊点的问题，会具体派单到城管执法部门；对于道路破损问题，会派单到市政道路养护部门。这种精细化的分类得益于人工智能技术对政务业务的深入理解和学习，它能够识别出不同问题之间的细微差别，协助政府工作人员派单到最合适的处理部门。

黑龙江省 12345 热线部门应用 DeepSeek 的深度语义分析和历史数据学习能力，精准匹配并智能推荐诉求承办部门，有效减少了座席人员根据历史经验进行判断的时间，显著提高了派单的准确率、时效性[①]。

---

① 曲静. 黑龙江省 12345 热线接入 DeepSeek[EB/OL]. 黑龙江省人民政务官网，2025-03-05. https://hlj.gov.cn/hlj/c107857/202503/c00_31817357.shtml.

2. 融合地理信息技术，实现区域精准定向派单

除了按照问题性质分类，通过多模态交互解析，人工智能可以深度理解语义，结合动态知识库持续学习政府部门职责和地理信息等内容，通过智能分拨引擎辅助工作人员精准派单。例如，对于小区环境整治问题，会根据小区所在的辖区派单到相应的社区居委会或街道办事处。这使得问题的处理更加具有针对性，能够充分利用当地部门的资源和优势，提高处理效率。

3. 优化派单规则策略，确保紧急响应及时有效

在派单过程中，DeepSeek 等人工智能会不断学习并优化派单策略，实现对紧急问题的精准识别。如出现水电气等基础设施故障、火灾等安全事故，人工智能会立即将其标记为高优先级，并通知工作人员派单到相关的应急处理部门，同时跟踪处理进度，确保问题得到及时解决。对于非紧急问题，人工智能也会根据其复杂程度和影响范围确定合理的处理时限和优先级，确保资源的有效分配和利用。

例如，借助 DeepSeek 的支撑，鄂尔多斯市热线平台 AI 智能助理会自主分析事项紧急程度，高效管理待办任务，极大提高了热线工作的服务效能[①]。

（三）依托智能辅助，高效解决群众诉求

在 12345 热线的工作流程里，办理答复环节是保障企业和民

[①] 贺炫凯.DeepSeek 赋能民生服务 鄂尔多斯 12345 热线再革新 [EB/OL]. 新华社 ,2025-02-25. https://h.xinhuaxmt.com/vh512/share/12423317?d=134fe71

众诉求妥善处理的核心所在，DeepSeek等人工智能技术为工作人员提供了强有力的辅助支持。

1. 构建动态知识库体系，强化人工智能辅助能力

基于DeepSeek等人工智能技术，搭建精细化动态知识图谱，将政策法规、业务流程以及典型案例等关键结构化数据进行系统性梳理与整合，实现各数据要素间的深度智能关联，并确保其随实际情况变化而实时更新。这一体系能够在工单处理等实际业务场景中，精准迅速地向工作人员推送所需知识及政策法规内容，辅助其快速准确把握关键信息，做出科学合理的处理决策，进而提升整体工作效能。例如，当工作人员处理一起涉及环保法规的投诉时，人工智能会快速呈现相关的环保法律法规条文、政策解读以及过往类似案例的处理经验，提供处理建议，并能协助工作人员进行问题分析和方案制定，助力政府工作人员更好地理解和运用政策法规，做出合理的处理决策。

据了解，辽宁12345热线平台系统在接入DeepSeek后，数据治理系统将构建数据标准化管理体系，建立结构化数据档案，数据整理效率将较人工处理提升20倍，话务知识库通过知识图谱自优化机制，可自动生成高频问题与应答策略建议，提高话务应答速度和准确度[1]。

2. 完善结果评估，协助开展结果评估与反馈改进

---

[1] 辽宁12345+DeepSeek，来了！[EB/OL].新华财经客户端,2025-02-17.https://bm.cnfic.com.cn/sharing/share/articleDetail/3163310 36940525568/1?date=1741227816000.

DeepSeek 等人工智能技术可以对办理结果进行初步评估。在工作人员提交办理结果后，人工智能会根据预设的评估标准和市民的反馈信息（如满意度调查结果），对办理结果进行量化评估。如果发现办理结果存在不符合要求或市民不满意的情况，系统会及时提醒工作人员进行复查和改进。这种闭环管理机制不仅提高了问题解决的质量，也为持续优化服务质量提供了依据。

（四）深度智能复盘，优化闭环服务流程

在 12345 热线的办结环节，DeepSeek 等人工智能技术通过梳理总结、数据归档、报告生成和经验提炼等功能形成了完整的服务闭环，推动政务服务不断向前发展和完善。

1. 拓展数据梳理范围，实现服务全链条清晰呈现

DeepSeek 等人工智能技术会对整个服务过程进行全面梳理和总结，从受理环节到回访环节的所有相关信息，包括企业和群众的诉求内容、处理过程、答复情况、企业和群众反馈等。通过对这些信息的整合分析，人工智能能够清晰地呈现出每个工单的处理全貌。例如，对于一个涉及城市规划调整的复杂工单，系统可以展示从最初的企业和群众咨询、规划部门的调研论证、方案公示到最后的实施结果以及企业和群众的满意度评价等各环节的详细信息。这种全面的梳理有助于政府对服务过程进行回顾和反思，识别出其中的成功经验和存在的问题。

2. 盘活存档数据，实现政务资源有效积累利用

人工智能技术能够实现对服务过程中的数据进行归档存储，能将这些数据作为重要的政务资源加以利用。通过深挖数据价值，发现企业和群众对政务服务的需求变化趋势，为未来的政策制定、城市规划、资源配置等工作提供有效数据支持。例如，通过对不同地区、不同时间段的民生诉求数据进行分析，政府可以发现城市建设中的薄弱环节和发展需求较高的领域，从而有针对性地进行资源投入和政策调整。这些数据不仅是对单个工单的记录，更是政府优化公共服务的重要依据。

3. 智能复盘，助力实现经验沉淀与风险预警双驱动

DeepSeek 等人工智能技术还会对服务过程中的经验教训进行总结提炼。对于那些成功解决企业和群众诉求的案例经验进行推广学习；对于潜在的风险进行及时预警；并对办理过程中不足之处进行深刻反思，提出改进措施。例如，如果在某一阶段出现工单处理效率低下的情况，系统会分析是否由于人员配置不合理、流程繁琐抑或是技术问题导致，并据此提出相应的解决方案以避免类似问题再次发生。这种经验教训的总结有助于不断提升政务服务的质量和水平，推动政府服务的持续改进。

内蒙古鄂尔多斯市接入 DeepSeek-R1 大模型后，持续对全市近 300 万条蕴含丰富社情民意的政务热线数据进行深入、系统、全面的统计分析。鄂尔多斯市 12345 热线统计分析科工作人员乌日根毕力格表示："较以往需要我们人工检索查询关键词或筛选某个行业类别进行统计分析相比，DeepSeek-R1 大模型的 AI 智能助手能够更加精准识别并抓取诉求工单中具有共同性、集中性的事项内容，精准分类各项诉求事项，给 12345 热线数据统计分析工作带来极大便利，也让 12345 热线提前作出预警研判，为市委、市政府科学决策提供精准的数据支撑。"

"引入 DeepSeek 不是代替人工，而是深化'人机协同'服务。"鄂尔多斯 12345 热线负责人表示，AI 技术解决的是标准化问题，释放出来的人力资源将更加专注于解决个性化难题，大模型技术实现服务资源的最优配置，将为企业和群众带来更加优质、高效、智能的政务服务体验，让城市治理更加科学、精准、富有温度[①]。

随着人工智能技术的持续演进，其在 12345 热线场景的应用将呈现新的发展路径，这种智能化升级将推动 12345 热线服务从标准化应答向个性化服务延伸，未来有望逐步形成基于数据驱动的智能化贴心助手。

二、直面"技术盲区"，综合研判应用方式与效果

DeepSeek 等人工智能技术在 12345 热线体系的应用实践中，初步实现了服务流程的优化与响应效率的提升。然而，人工智能在回答问题时仍存在"幻觉"等现象，可能导致对用户意图的误解，从而使生成的内容与实际情况或用户指令产生偏差。

（一）长尾问题处理短板

长尾问题是指那些出现频率较低，但对特定群体至关重要的问题。这些问题涵盖罕见病患者的医疗咨询、特定行业的政策解

---

① 贺炫凯.DeepSeek 赋能民生服务 鄂尔多斯 12345 热线再革新[EB/OL].新华社,2025-02-25. https://h.xinhuaxmt.com/vh512/share/12423317?d=134fe71

读以及历史遗留问题的解决等。例如，罕见病患者对特定药物医保报销政策的咨询，这类政策通常仅针对少数疾病，属于典型的长尾问题。对于当事人而言，这些问题的重要性不言而喻。

人工智能训练数据主要来源于大规模通用文本，对长尾问题的关注度相对较低。由于缺乏针对性优化和小众领域的训练数据，在处理长尾问题时，人工智能可能无法准确把握问题核心，甚至无法提供有效的解决方案。例如，一位罕见病患者咨询特定药物的医保报销政策，如果人工智能未能识别该药物的特殊性，给出的建议与患者实际需求不符，那将会给患者带来不必要的困扰。

（二）伦理与公平性问题凸显

在数据采集过程中，若数据主要来源于特定区域或渠道，如数字化程度高的地区线上数据较多，可能会导致老年群体、偏远地区人群的数据匮乏。这使得人工智能在处理这类群体的问题时，容易因信息不足而产生偏见。

数据标注环节也可能存在问题。标注人员若存在社会刻板印象，假设认为高学历人群的诉求更合理，或不同性别在特定领域的咨询更专业，在标注时赋予不同权重，会使人工智能在学习过程中强化这种偏见。此外，公开数据也存在偏差，政策解读多针对于城市居民，农村居民相关数据较少，导致人工智能回答此类问题可能难以给出精准无偏的回应。

（三）用户体验缺少"温度"

热线不仅是解决问题的工具，更是政府与公众沟通的重要桥梁。

用户在遇到问题时，除了寻求解决方案，往往还需要情感上的支持和耐心地倾听。例如，失业者在咨询再就业政策时，可能更期望得到工作人员的鼓励和安慰。然而，人工智能在这方面存在一定的局限性，难以完全替代人工服务的"温度"，可能导致用户体验下降。

人工智能虽然能够高效处理常见问题，但在处理复杂或情感化问题时，可能显得机械和冷漠。当老年人咨询养老政策时，他们可能需要更为耐心地解释和情感关怀，而人工智能的回答可能无法满足这些需求。这在一定程度上会影响用户对热线的认可度和使用意愿。

（四）公众信任危机隐患

热线的权威性和准确性是公众信任的基石。如果人工智能频繁出现错误或误导性回答，可能会引发公众对政府服务能力的质疑，甚至导致对政策的误解。这不仅会损害政府形象，还可能影响公众对政策的支持和配合。

人工智能输出结果可能存在不可解释性和"幻觉"问题，即生成的内容看似合理，但实际上并不符合实际情况。若用户误信这些回答，可能会做出错误的决策和行动。在某地试点中，人工智能因对政策解读错误，导致部分用户对当地政策产生误解，引发了不必要的社会舆论，这充分说明了该问题的严重性。

（五）数据存泄露风险

热线涉及大量公民个人信息和隐私数据，人工智能在处理这些数据时，可能面临数据泄露或滥用的风险。用户在咨询过程中输入的个人隐私信息，如身份证号、家庭住址等，如果被泄露，可能会给用户带来严重的安全隐患，如个人信息被冒用、财产安全受到威胁等。

延伸阅读

在善治视角下纵深观察
——这份报告回应全球城市热线"发展之问"[①]

城市热线是连接政府与市民的重要桥梁，在城市服务和治理中的重要性逐步凸显。18日，在北京举行的2024北京接诉即办改革论坛上，《全球城市热线服务与治理效能评测报告》正式发布。报告以治理型指标体系对全球城市热线服务与治理效能进行了全景式刻画，解析并展望了全球城市热线的未来发展趋势，以"一城创新，全球互鉴"推动全球城市热线发展进入新阶段。

国务院今年印发的《关于进一步优化政务服务提升行政效能推动"高效办成一件事"的指导意见》明确提出，要不断提升12345热线接办效率，建立健全"接诉即办"机制，更好发挥热线直接面向企业和群众的窗口作用，打造便捷、高效、规范、智慧的政务服务"总客服"。

---

① 郝菁.在善治视角下纵深观察——这份报告回应全球城市热线"发展之问"[EB/OL].新华社，2024-12-18.https://h.xinhuaxmt.com/vh512/share/12326277?d=134db42.

全球城市热线服务与治理效能评测报告课题组组织16名国内专家和4名国际专家形成全球专家组，从全球城市治理与可持续发展的共享性需求出发，开展"全球城市热线服务与治理效能评测"智库研究，对国际代表性城市热线发展脉络与未来趋势进行系统化研究。

在评测阶段，课题组初选了全球200多个城市。之后，综合考量城市的全球影响力、人口规模、区域代表性及国内外专家学者建议，选取北京、上海、广州、杭州、武汉、成都、南京、西安、香港、首尔、新加坡、东京、柏林、巴黎、马德里、伦敦、里约热内卢、多伦多、纽约、旧金山等全球20座城市，对其热线及平台进行评测。

纵览目前全球研究机构针对热线的评测，主要从"接、派、办、评"等热线自身流程性角度出发，而对基于热线所牵引的治理结构协同、治理能力重塑及公众评价感知等系统性治理指标鲜有涉及。课题组在此前各国研究的基础上，建构了全球城市热线服务与治理效能"4G"评测体系，即在善治视域下围绕热线的流程治理、协同治理、数智治理以及回应治理4个一级指标进行全面评测，应用10个二级指标和24个三级指标进行考察。

报告认为，这20座城市的热线平台可以划分为整合型、特色型、创新型与包容型四个类型。从具体维度来看，在流程治理方面，香港、广州、纽约、多伦多、西安等城市的热线发展效能较好；在协同治理方面，北京、武汉、首尔、上海等城市的热线在政策协同、职能协同、平台协同方面表现突出；在数智治理方面，北京、广州、武汉、首尔等城市的热线领先优势明显；在回应治理方面，杭州、广州、马德里等城市的热线具有较好的成效。

在课题专家组组长、清华大学社会科学学院党委书记、清华大学计算社会科学与国家治理实验室副主任孟天广看来，全球城市热线的发展见证了城市服务从单向度诉求表达到交互性政民互动、从个性化诉求办理到加总性问题识别、从需求被动解决到供给主动创新的深刻变迁，展现了城市治理从回应式治理迈向主动治理、从中心化治理步入协同型治理的转型之路。对全球城市热线开展系统性评测，可以为持续优化资源配置、改善公共服务效能、推动城市治理创新、提升民生福祉提供科学决策依据。

自1987年以来，北京12345政务服务便民热线从1部电话机、3个接线员，发展到目前750个座席、1710名员工的城市治理"中枢线"、政务服务"总客服"，提供电话、互联网、新媒体等多渠道接入，满足不同群体表达诉求，解决人民群众急难愁盼，探索出以市民诉求驱动超大城市治理的新范式。这条热线"好用""管用"，用户量快速增长，诉求类型日益广泛。

目前，北京12345政务服务便民热线实现了"一站式"响应，将市域内政务服务便民热线全部纳入12345平台系统，同时搭建了包括微博、微信公众号等在内的"20+N"网上渠道，形成"受理—办理—反馈"闭环。同时，北京将执法主导权下放至街道乡镇，通过"街乡吹哨、部门报到"，对群众诉求接诉即办，打通抓落实的"最后一公里"。

北京还通过科技赋能，提升热线服务数智化水平，开发决策支持系统，为城市治理精准"画像"，提升城市风险监测感知预警及处理能力，实现"主动治理、未诉先办"。

第六章　DeepSeek 等人工智能技术助力 12345 热线步入转型快车道

课题组认为，北京接诉即办改革已走出一条以市民诉求驱动超大城市现代化治理之路。北京以接诉即办改革论坛为平台，以"全球城市热线服务与治理效能评测"为抓手，通过全球主要城市政务服务便民热线横向比较和互通学习，不仅总结了我国多个城市在政务服务便民热线方面的成果，让"人民城市人民建，人民城市为人民"这一理念推向全球，也为推进全球城市热线的发展夯实了研究基础、贡献了中国样本。

中国人民大学首都发展与战略研究院副院长李文钊说，作为民情感知及回应的制度设计，北京接诉即办改革贯彻落实人民城市重要理念，以"诉"与"办"有机衔接的方式构建响应快速、办理高效、反馈及时的市民诉求服务机制，依托诉求受理和办理，将市民和企业嵌入城市治理体系中，以常态化联动构建党委政府、条块联动、社企合作的协同共治格局，形成"首善之区"的良政善治，为全球超大城市治理贡献创新经验。

（新华社北京 2025 年 12 月 18 日电　记者郝菁）

效率再提升！
河北省 12345 热线接入 DeepSeek 大模型[①]

人工智能加速赋能千行百业。这两天，省 12345 热线系统平台已完成 DeepSeek 在政务云模型的本地化部署，将为广大企业

---

① 【大力优化营商环境 加快高质量发展】效率再提升！河北省 12345 热线接入 DeepSeek 大模型 [EB/OL]. 河北广播电视台，2025-02-28. https://web.cmc.hebtv.com/cms/rmt0336_html/19/19js/zx/lbhj/11802776.shtml.

和群众带来更高效、更精准的服务体验。

在省12345政务服务便民热线接线大厅，记者看到新设立的DeepSeek训练专席十分显眼。工作人员的电脑屏幕上，长串的数字代码正在快速滚动。

目前系统已经完成了DeepSeek本地化部署。我们将近年来全省热线数据逐步导入DeepSeek大模型进行专项训练。通过多轮训练和测试，逐步完善模型。

完成DeepSeek大模型训练后，12345热线平台系统可以快速提取来电关键信息，辅助话务员精准记录工单；还能自动生成高频问题的应答建议，提高话务应答速度和准确度；并通过分析诉求内容，判断责任部门，提升工单转派效率。

2月26日，省数政局印发了新版热线数据接口标准，各市热线完成相应数据接口改造后，实现全省工单编码统一管理，省12345热线平台利用DeepSeek大模型对全省诉求工单进行智能质检、智能回访、汇聚数据智能化校验，各市热线可及时查看相关结果，针对性开展热线服务提升，确保群众诉求"接得更快、分得更准、办得更实"。

通过大数据态势感知进行计算处理，与我们热线的工作人员服务经验相结合，这种"人机协同"的模式，可以大大缩短工作时长，提高热线的服务效率，为企业和群众提供更有速度、更有温度、更有力度的热线服务。

智能服务新突破：广州12345热线与DeepSeek的融合实践开启政务服务新篇章

广州12345政务服务便民热线（以下简称"广州12345热线"）在智能化建设的道路上不断探索，自2020年起便开始了智能化建设的初步尝试。面对热线诉求量迅猛增长，给传统人工型热线平台的服务供给能力带来了严峻挑战。为此，广州12345热线积极寻求突破，将人工智能应用、大数据等技术应用到热线服务，大力推进人工智能实验室建设，并在智能导航、智能问答、智能座席三大领域先行先试，在服务量激增而热线总投入未显著增加的情况下，成功提升了热线服务的质效。

今年以来，针对DeepSeek大模型的深度学习能力和高效性，广州12345热线主动探索，结合热线海量数据优势，融合热线既有智能应用平台，第一时间通过私有化部署和调用接口等模式，开展DeepSeek-R1、V3大模型在智能座席、数据标注、办理情况分析等应用场景的测试验证工作。

立方向：指引热线服务智能化升级

广州12345热线明确了智能化探索的三个方向：一是确立以人为本的发展基调。热线智能化建设的最终目标是让群众"无感"享受人工智能带来的便利和高效，通过应用智能化技术辅助生产，提升智能化服务的用户体验和群众满意度。二是确立顺势而为的发展路径。坚持顺应时代发展需求，把握技术发展趋势，在加快发展新质生产力的同时，结合热线服务需求和流程痛点推进智慧热线创新发展。三是确立质效优先的发展模式。妥善处理好人民群众日益增长的服务需求和有限的资源投入之间的矛盾,确定智能化建设目的是不断提升热线的服务质量和效率。

显成效:打造多元智能服务场景

在上述方向指引下,广州12345热线深入贯彻数字政府改革建设要求,大力推进政务热线人工智能实验室建设,打造集智能语音导航、智能坐席、智能客服、民情感知平台于一体的智能政务热线服务体系,推动热线从"传统人工型"向"人机交互智能型"升级。

首创国粤双语智能语音导航。针对传统语音导航菜单层级多、点选操作复杂、接入时间长的痛点,广州12345热线创新引入智能语音导航技术,在全国政务热线率先部署普粤双语智能语音导航系统。通过对市民口述内容的语义分析,即可智能转接到相应的服务队列,实现诉求直达。使用智能语音导航后,接入人工座席的平均等待时长较原先缩短了43%。

运用人工智能赋能话务坐席。智能座席系统集成了知识跟随、智能填单、对话小结、智能派单、智能质检和智能标签等功能模块,实现热线咨询业务秒级应答,工单自动秒派,电话工单处理实现倍数级效率提升。同时,通过构建质检服务规则及模型,实现了对全量语音的自动质检与精准分析,提高了质检效率与准确性。

标准引领打造智能客服系统。为适应在线客服系统的部署要求,广州12345热线首先对热线事项进行了标准化改造,将124类1843项事项优化为17类490项。在此基础上建立的智能在线客服系统,以自然语言处理技术为核心,将传统的知识库文本搜索模式升级为支持意图理解、多轮对话、知识推荐的人机交互模式,大幅度提升咨询服务的准确度和使用的便捷度。

数据赋能建立城市治理数据共享平台。广州12345热线建立城市治理投诉大数据共享平台，可视化展示全市11个区、176个街镇的民生热点态势，包括诉求总量、办理时长、热点问题、热点区域和市民满意率等信息，横向为承办部门共享相关领域话务数据，纵向实现将话务数据细化至街道一级，分级分域管理，有力支撑基层精准开展社会治理。与广州"穗智管"城市大脑深度融合，运用热线数据赋能基层治理，创新推出"民情日历""民情月历"，设立"每月一题"、市民及企业关注榜、企业心声、建言献策专栏，推动部门主动治理、未诉先办。结合热点诉求分析研判情况，加强与人大、督查、改革等部门协同联动，形成共性问题从发现到解决的闭环管理机制，推进相关部门深化改革，切实解决好群众身边急难愁盼问题。

再升级：DeepSeek助力广州热线服务再上新台阶

今年以来，广州12345热线积极探索新技术应用，发挥热线海量数据优势，结合既有智能应用平台，第一时间通过私有化部署和调用接口等模式，引入DeepSeek大模型，并在智能坐席、数据标注、办理情况分析等应用场景开展测试验证工作。

在模型部署过程中，DeepSeek展现出良好的信创友好度，可以在现有基于信创环境下的国产化硬件设备上运行，与传统在非信创环境部署的大模型相比，可以进一步提升安全防护和自主可控能力，有利于进一步筑牢国家网络安全屏障。

在辅助生成对话小结测试中，DeepSeek已能够完整展示推理过程和最终结果，其呈现的思维链条和推理过程较为清晰，有助于话务人员理解复杂问题的解决思路，加速知识传递，并对热线进一步优化市民诉求准确性提供了改进与优化的经验。

在智能数据标注能力测试中，DeepSeek 已能够对定量的热线数据开展智能标注与归类，精准提取诉求工单的核心要点，其思维方式更贴合专业人员的思考逻辑，展现出不凡的深度思考分析能力。

在市民诉求办理情况分析场景测试中，利用 DeepSeek 处理诉求内容、办结及回访等大规模文本数据能力，对市民诉求实际办理情况进行解析、推理，提出解决诉求切实可行的优化建议，可为承办部门办好"一类事"提供参考，提升市民的整体满意度和服务体验。

筑防线：应用人工智能存安全挑战

广州 12345 热线自 2023 年开始积极拥抱大模型场景应用，近期更是迅速部署接入 DeepSeek 并开展新场景测试验证。尽管大模型在热线领域应用前景广阔，但也存在不容忽视的安全风险与挑战。

一是云资源算力重复投入。当前，众多单位竞相引入 DeepSeek 进行应用探索，但由于缺乏统一的规划与标准、应用场景较少，可能导致资源浪费与重复建设；二是生成式模型幻觉不能完全杜绝。DeepSeek 作为生成式 AI 模型，其输出结果可能包含难以解释的"幻觉"现象，在政务咨询中，如果出现这类信息可能会影响公众对政府的信任；三是存在数据安全风险。目前传统的私有化部署方式可降低风险，但使用过程仍可能会将内部信息、文件上传到模型中，带来信息泄露风险。此外，也有可能通过上传恶意提示词，试图绕过系统检测，获取不当信息或传播有害内容。

为应对这些问题，广州12345热线在大模型应用探索中，坚持标准化、准确性、安全性并重。一是强化标准化建设。从热线场景需求出发，结合功能、性能、算力资源等要素，评估选取适合的模型版本，提高资源利用率，避免盲目投入带来的资源浪费。二是提升模型输出准确性。通过样本特征分析，引入人工审核机制，在输入端建立提示词检测流程，在输出端实施生成内容安全检测，减少幻觉和错误答案，确保信息准确合规；三是保障数据安全。对底层模型做技术区隔，逐步构建人工智能生成内容安全围栏，确保应用的安全可靠。

新征程：助力数字政府建设与社会治理

在国家和广东省关于数字政府建设总体规划指引下，广州12345热线将持续着眼提升热线智能化、便民化服务能力，秉持"重点突破、协调发展、整体推进"的原则，加快推进热线数智化转型升级，积极拥抱数字经济、数字社会，为优化营商环境、提升市域社会治理能力注入新活力。

为充分发挥热线智能化潜力，广州12345热线将发挥人工智能实验室作用。进一步丰富热线人工智能实验室研究场景，尝试吸纳高等院校、科研等机构，构建开放共享的产业生态，为政务热线提供场景化、主题化的通用智能模型参考，对政务热线运营进行数智化再造，推动政务热线服务和市域社会治理相关应用的深入探索。

同时，广州12345热线将推进存量数据反哺智能化应用落地。通过加强数据质量提升，充分利用已完成建设的智能座席存量数据，开展大模型训练调优、重点提炼市民诉求和对话小结，这一举措将进一步提升座席话务应答、工单填写、派单等环节流程的质量和效率，为市民提供更加高效、便捷的服务体验。

在数据要素价值释放方面，广州12345热线将积极探索热线数据资产化管理，以"供得出、流得动、用得好、保安全"为目标，把握好数据供给、流通、应用、安全等核心维度，通过量化数据资产、优化资源配置、支撑民情决策、提升服务质量，全面激活热线数据要素价值，为政府决策和公共服务提供有力支撑。

此外，广州12345热线将紧盯新技术方向，谋划未来发展。保持对新技术新手段的高度敏感，充分结合业务和市域实际，持续关注及挖掘未来新技术在热线落地实施的场景应用。加快推动DeepSeek模型等成熟的技术场景落地，持续开展智能派单、数据分析等前沿应用的评估。同时，进一步探索热线知识库社区、舆情监测等社会治理应用场景，有效提升热线工作效能和服务质量。

（来源：广州市政务服务和数据管理局）

唐山12345热线"一呼即应"大事小情"一办到底"[①]

近日，家住河北唐山迁安市颐秀园小区的胡女士拨打12345热线，反映家中停水问题。唐山12345接线话务员立即联系迁安市自来水公司，安排工作人员上门检查故障设施并进行维修。胡女士说："打完电话后，工作人员很快就过来了，还很快修好了，太方便了！"

今年以来，唐山市以"听民意、聚民心、解民忧"为宗旨，全力解决人民群众急难愁盼问题，零距离服务群众，实现群众诉求"一呼即应"，大事小情"一办到底"。这背后是唐山创新实践"热线＋督查"模式，坚决落实"问题交办到哪里，督查就跟进到哪里"的有力探索。

协同整合畅渠道，"一呼即应"听民意

自2021年10月起，在唐山市委、市政府成立的唐山市12345政务服务便民热线工作领导小组的推进下，便民热线开始加强与110、119、122等紧急热线和水电气热等公共事业服务热线应急联动，通过三方通话和一键转接方式，实现互联互通，及时解决群众诉求。

现在，唐山市12345政务服务便民热线已完成17条热线整合，群众仅需拨打12345即可反映民生诉求的大事小情，真正成为唐山政务服务的"总客服"。

实现"一呼即应"，硬件整合是基础保障。2022年6月8日，唐山市热线中心迁入新址，新办公场所使用面积3000平方米，设

[①] 范云博，陈雪欣. 唐山12345热线"一呼即应"大事小情"一办到底"[EB/OL]. 新华社新媒体平台,2023-11-22.https://h.xinhuaxmt.com/vh512/share/11778448?d=134b3d2.

置354个座席，规划床位135个，实现24小时全天候响应。

唐山市12345政务服务便民热线中心主任李小亮介绍说，热线中心共有220名话务员，每日受理话务量可达7500余件，实现接通率99%以上，并安排专人对未接通群众来电进行回拨，实现群众诉求全受理。

实现"一呼即应"，平台整合也必不可少。唐山市在河北省内率先整合人民网留言、中国政府网、问政河北、问政唐山、幸福唐山等网络问政平台，统一归并至12345热线平台，开通12345热线微信公众号、微信小程序、邮箱、网站、APP等15种受理渠道，建立起"多渠道收集、同平台处理、同出口答复、全流程督办"的体制机制，让群众诉求"一口进、一口出"。

1989年，唐山市市长公开电话正式设立，最初号码为21010，仅有一间办公室，一部电话，由一名值班员手写受理群众诉求。历经30余年的探索，唐山市政务服务便民热线迈入发展新阶段，成为政府联系企业、联系群众的重要桥梁和纽带。李小亮表示，今年以来，唐山市12345政务服务便民热线共受理群众诉求146.99万件，收到群众感谢来电2210个，话务服务满意度达99.06%。

举一反三破难题，"一例成规"聚民心

2022年11月15日，唐山市热线办公室印发《唐山市热线反映问题举一反三整改工作实施方案》，强调"对群众反映强烈、反复投诉的问题及群体投诉的同类问题，既要落实接诉即办、限时办好，更要举一反三、未诉先办"。

2023年7月，多位群众拨打12345热线，反映老年人挂号就诊程序繁琐，热线工作人员立即将群众诉求形成工单，交办唐山市卫生健康委员会进行处置。

唐山市卫生健康委员会按照举一反三的机制，从解决一件事入手，努力实现办好一类事，不仅聚焦群众反映的挂号程序问题，更关注老年人就医的整体体验。

8月，唐山市卫生健康委员会研究制定了《关于进一步便利老年人就医举措的通知》，将个例问题转化为规范制度，全面提升老年人就医体验。

今年以来，唐山市12345政务服务便民热线针对群众反映的具体问题，主动排查整改同类问题，共梳理95项事项，形成典型诉求汇编，真正做到"接诉即办"有速度，"未诉先办"有温度。

督考并举促落实，"一办到底"解民忧

今年7月，唐山市某地村民反映附近河道被淤泥堵塞，担心内涝风险。相关部门曾安排人员实地查看，并承诺于8月15日前完成河道清理。8月16日，唐山市12345政务服务便民热线办公室工作人员展开现场督查，发现堵塞情况依旧存在，立即根据《热点问题挂账督办办结销号管理办法》，要求承办单位重新交办处置，最终问题得到解决。

除实地督查外，市热线办还采取召开调度会、热点问题追踪等多种方式，确保群众诉求得到及时解决、市领导批示落实到位。

在热线工作考核方面，唐山市12345政务服务便民热线办公室以《唐山市12345政务服务便民热线考核办法（试行）》为依据，以《热线日报》《热线周报》《热线月报》《热线年报》《热线专报》为载体，实现热线考核情况一日一通报、一周一预警、一月一排名、一年一总结。

目前，唐山市12345政务服务便民热线办公室每月对1327家单位的热线工作整体情况进行考核排名，其中包括县区单位18家、市直单位130家、国家及省一级驻唐单位142家、乡镇街道（园区）260家、区直单位777家。

唐山市委市政府督查专员、三级调研员张宝良表示，针对《热线周报》连续两期点名的回访解决率、满意率差的单位，热线办会将其列为热线重点管理单位，单位主要负责人员需到热线中心开展值班活动，亲自对本单位承办事项进行群众回访。

今年以来，唐山市已组织133家单位到热线中心值班，有效提升群众诉求解决率和满意率，实现跟踪督查"一办到底"，切切实实为民解忧。

今年9月25日，在唐山市热线工作推进会上，张宝良表示，唐山市12345政务服务便民热线将加强标准化建设，同时重点提升主动受理与网络受理能力，推动热线平台智能化升级改造，让企业难题、群众诉求"一呼即应，一办到底"。

（新华财经北京2024年11月22日电 范云博、陈雪欣）

一端受理　政媒融合　广纳民意
——沂蒙老区打造为民办事融媒平台探路"网上群众工作"[1]

传统12345政务便民热线，是否也能实现"融合发展"、转型升级？

为走好网上群众路线，2022年4月起，沂蒙老区山东省临沂市创新赋予传统12345热线融媒功能，建成集为民办事、公开监督、新闻宣传、问计问策等功能于一体的综合平台"12345·临沂首发"。

记者近日在临沂市采访发现，首发平台不仅提高了办理效率，拓宽群众的监督渠道，也成为了有效"开门纳民意"的政民互动平台。临沂市通过首发平台实现双向互动，不仅调动起群众参与公共事务讨论的积极性，也倒逼干部作风持续改进，更加有效提升了社会治理效能。

"热线+融媒"搭建为民办事新平台

临沂市沂水县沂城街道罗家庄村村民闫树英，常常要去食品厂上夜班。"沿途没有路灯，晚上怪害怕的。"抱着试试看的心态，闫树英在"12345·临沂首发"App上表达了诉求，这一问题很快反映到相关部门。

经多次调研、论证，沂水县发现附近村庄普遍存在类似问题，最终在79个村庄道路安装上了太阳能路灯。"我就想在平台反映一个实际情况，没想到上面那么重视咱们的诉求，很快就解决了。"

---

[1] 杨文.一端受理 政媒融合 广纳民意——沂蒙老区打造为民办事融媒平台探路"网上群众工作"[EB/OL].经济参考报,2023-10-17. http://www.jjckb.cn/2023-10/17/c_1310745674.htm.

闫树英告诉记者，如今村民晚上出行更加安心。"

临沂市人口1100多万，群众诉求点多、面广。据临沂市政府办公室12345热线中心主任黄立博等多位干部介绍，此前群众诉求反映渠道不仅有12345热线，还有市场监管、公安、信访等多部门的电话，存在多端受理、责任不清现象，群众诉求时常解决不及时。

传统的12345热线还存在无法上传图片、视频以及办理进度不易查询等情况，有不少企业和群众也反映，热线办理中存在为民办事方式不够丰富、网络宣传不够接地气、民情民意捕捉和回应不够及时等问题。

为"用心用情用力解决好人民群众的急难愁盼问题"，临沂以12345热线为依托，开发"12345·临沂首发"App，实现全市诉求"一号受理、一单通达、一端通办、一键查询"。

记者打开"12345·临沂首发"App看到，里面有"首发督办""首发聚焦""首发晾晒"等多个栏目。注册用户可以通过文字、语音转写及上传图片、视频反映问题。"绿灯仅有20秒，路口老堵车""道路有施工车辆途经，扬尘严重"……

"平台通过'政务+融媒'模式，连接起12345热线和互联网，更好实现群众知情有渠道、参与有平台、监督有手段、当家有机会。目前平台注册数量已达400多万。"临沂市委常委、秘书长薛峰介绍。

"一个平台听诉求、一张派单管到底"

首发平台整合线上线下渠道，赋予传统热线互联网属性，通过部门联动扩容、流程再造等，形成诉求办理——闭环管理、"硬核"监督，确保合理诉求一办到底。

一是资源整合,建设为民服务"总客服"。横向上,平台整合电话、微信、网站、App 等多个渠道,打通 25 个部门的业务办理接口,实现 151 项政务服务事项在线办理;纵向上,12 个县区平台与市级实现诉求链接,市级统一受理、各级分工办理。

临沂市委副秘书长杨明介绍,平台建立"24 小时受理、3 分钟转办、100% 回访、全流程质检"闭环机制,并根据紧急程度要求 1 个、3 个、5 个工作日内回复,实现诉求"实时交办—限时办理—即时回复—及时督办"办理链条。

二是政媒融合,打造民主公开新平台。首发平台引入媒体属性,实现了传统政务热线和媒体的融合。一方面,在客户端上展示群众的多元诉求,对诉求事项公开"晾晒",群众公开反映,部门公开回复,网民发表点评。"问题公开出来,各级干部就有压力。对部分群众诉求公开,大家评一评、议一议,也有利于凝聚更大共识,减少一些不合理诉求。"临沂市人大常委会副主任刘飞说。

另一方面,平台引入临沂日报、临沂市广播电视台等媒体,开设新闻监督类栏目,针对办理质量差、群众重复反映、督办后效果仍不理想的问题,公开问政县区政府和部门单位"一把手"。同时,临沂的重要新闻宣传信息等也通过平台发布。临沂市委常委、宣传部部长张晓彬说,"12345·临沂首发"坚持融媒驱动,以群众喜闻乐见、通俗易懂的语言,送宣传信息、讲民生政策,让群众更加想看爱读。

三是"硬核"监督,建立五级督办体系。平台构建"热线、媒体、政务、人大政协、纪委"五级督办体系,梯次加严、互为补充,对办理不力的问题,先由 12345 热线受理中心督办,效果仍不理想的，通过"直通12345·临沂首发"媒体栏目公开督办，直至提交纪检监察机关督办。

例如，临沭县一街道办事处相关负责人对群众反映的居民楼质量问题，授意工作人员用"官话""套话"回复，受到党内严重警告处分。

全市信访总量环比下降14.9%

不少临沂干部认为，"12345·临沂首发"正逐渐成为为民办事的"权威"、政府完善工作的"指南"、改进公务人员作风的"利器"、政民互动的平台。

——有效提升为民办事效能。今年9月份，临沂全市信访总量环比下降14.9%，网络舆情环比下降18.6%。后台梳理发现，平均办理时长缩减了2.3天。

不久前，临沂高新区马厂湖镇，有群众反映金雀山路与太和路交会处路面破损，学生和家长通行存在安全隐患。收到工单后，承办单位第一时间联系反映人并赶赴现场落实。考虑此处来往汽车和电动车较多，承办单位立即安排施工队进行修补。三天时间，破损路面全部修整完成。同时，承办单位对车流量较大的一些道路举一反三进行排查，还发现20余处类似问题，及时修补、修复路面1600余平方米。

——为地方完善工作提供指南。兰山区建成的"沂龙湾清园小区"前物业公司不履行服务职责，造成小区卫生、公共秩序无人管理，多年来拖欠各项管理费用共计90余万元。接到反映后，临沂市物业整治专班将该小区纳入第一批重点整治对象，重新选聘小区物业。业主投诉量由2022年全年600多件，降低至今年月均仅6件。

兰山区同时对12家物业企业进行培训提升，整合物业服务企业5家，清退物业服务企业8家。对群众反映问题较多的行业领域，临沂市总结提炼普遍性、规律性问题，从政策层面推动解决。

耕地争议、违法建筑……记者在临沂市12345政务热线办的后台中心系统可以看到一个个工单从创建到关闭的全流程，并有大数据算法分析，不仅可分时段、分区域显示关注度快速上升问题，还可以根据历史数据预判未来一段时间的高诉求事件。杨明说，对反映较集中的问题，比如此前群众对物业服务管理领域反映强烈，临沂分析普遍性、规律性问题，实现"面上批量"集中治理。

——倒逼领导干部作风转变。"为群众解决具体问题是治标，改造自己的思想和行动是治本。"临沂市委书记任刚说，首发平台的核心是民主、公开、监督，让群众来监督评价，促进干部主动担当作为。

这一改革锤炼了干部党性修养，有效解决问题，让群众监督在全面从严治党中发挥更大作用。平台运行以来，累计开展各类督办21.1万次，媒体曝光3600余次；全市纪检监察机关共查处热线工单办理中的作风问题1766起，处理2150人，通报曝光典型案例183起。

——实现政民互动问计于民。平台引导群众参与公共事务，让群众发声、请群众监督、听群众意见，社会治理由此前的单向治理嬗变为群众"入局"共同参与。不少干部坦言，"通过预设议题，我们第一时间发现社情民意。党委、政府近距离了解群众在想什么，群众更易理解党委、政府要干什么。"

例如，临沂市在研究"治堵"对策时，在首发平台开展"我为治堵献一策"，一个月征集各类对策建议36137条。临沂市"治堵办"系统研究这些意见建议，选取试点，有效破解了一批"医圈、学圈、商圈"拥堵问题，部分区域拥堵状况得到明显改善。"首发平台既讲为民做主，更讲由民做主，让决策更加民主、更贴近群众。"任刚说。

（《经济参考报》2023年10月17日　记者杨文）

PART 07

第七章

"人工智能 +" 驱动智慧城市蝶变

> "人工智能 +"将推动城市从"有形的建设"向"智能的运营"转变。在营商环境、教育、交通、环境、医疗、应急管理等诸多领域,都可以看到人工智能技术应用的场景。未来新型智慧城市建设,在 DeepSeek 等前沿技术的不断赋能中,将更加强调技术与人的和谐互动,更加关注环境保护和资源节约,注重提升居民的幸福感,有效促进可持续发展,并最终实现质的飞跃。

党的二十届三中全会审议通过的《中共中央关于进一步全面深化改革 推进中国式现代化的决定》[①]要求，深化城市建设、运营、治理体制改革，加快转变城市发展方式。《中华人民共和国国民经济和社会发展第十四个五年规划和2035年远景目标纲要》[②]指出，分级分类推进新型智慧城市建设。2024年5月，国家发展改革委、国家数据局等部门发布《关于深化智慧城市发展 推进城市全域数字化转型的指导意见》[③]，提出鼓励发展基于人工智能等技术的智能分析、智能调度、智能监管、辅助决策，全面支撑赋能城市数字化转型场景建设与发展。

智慧城市是指在城市规划、设计、建设、管理与运营等领域中，通过物联网、云计算、大数据、空间地理信息集成等智能计算技术的应用，使得城市管理、教育、医疗、房地产、交通运输、公用事业和公众安全等城市组成的关键基础设施组件和服务更互联、高效和智能，从而为市民提供更美好的生活，为企业创造更有利的商业发展环境[④]。

---

① 中共中央. 中共中央关于进一步全面深化改革 推进中国式现代化的决定[EB/OL]. 中国政府网, 2024-07-21. https://www.gov.cn/zhengce/202407/content_6963770.htm.

② 国务院. 中华人民共和国国民经济和社会发展第十四个五年规划和2035年远景目标纲要[EB/OL]. 中国政府网, 2021-03-13. https://www.gov.cn/xinwen/2021-03/13/content_5592681.htm.

③ 国家发展改革委, 国家数据局, 财政部, 自然资源部. 关于深化智慧城市发展 推进城市全域数字化转型的指导意见[EB/OL]. 中国政府网, 2024-05-14. https://www.gov.cn/zhengce/zhengceku/202405/content_6952353.htm.

④ 广州市人民政府办公厅. 广州市人民政府办公厅关于印发广州市基于城市信息模型的智慧城建"十四五"规划的通知[EB/OL]. 广州市人民政府网, 2022-07-14. https://www.gz.gov.cn/zwgk/fggw/sfbgtwj/content/post_8458925.html.

一、人工智能让智慧城市"更聪明更暖心"

（一）持续助力优化营商环境

随着新一代信息技术的不断突破和数字渗透程度的加深，DeepSeek等人工智能技术正在持续助力政府优化营商环境，通过提升政务服务效率与质量、强化市场监管效能、推动产业协同发展、促进数据决策支持和提升公共服务水平等方式，为政府和企业提供了更加便捷、高效、智能的决策支持，为营商环境智慧治理提供更多解决方案。

由于不同经营主体的营商政策需求存在差异，加之信息不对称、信息迟滞等原因，政策落地的实际效果与经营主体现实需求之间往往存在偏差，营商政策供给的精准性有待提升。通过应用人工智能技术，基于大数据分析，政府可充分了解各类企业的需求和偏好，提供个性化的政务服务，精确对接政策落地。此外，政务服务依托人工智能技术可以实现部分政务事项的在线办理和智能审批，减少人工干预，提高审批效率。智能政务服务平台可以自动识别并处理企业提交的材料，快速给出审批结果，大大缩短企业办理业务的时间。智能客服系统也可以根据用户的咨询历史和问题类型，提供精准的回答和解决方案。

同时，人工智能在增强市场监管效能方面，如食品安全、环境保护、税务等领域也发挥着重要作用。人工智能可以实时监测和预警潜在的风险和问题，利用图像识别和数据分析技术，如对食品生产过程中的违规行为进行自动识别和预警，提高监管的及时性和准确性。同时，通过人工智能分析企业的信用记录、经营行为等数据，精准锁定违法违规的企业，提高执法的针对性和有效性。

此外，伴随市场竞争的日趋激烈和外部环境的快速变化，市场主体对于高质量发展所需的营商政策诉求也更加多元多变，营商政策供给与市场主体现实需求的匹配难度不断提高，一些市场主体关切的重要问题难以迅速得到政策反馈，严重影响了企业、个人等市场主体对高质量发展的现实需求。[①] 人工智能的介入也大大提高了产业协同发展方面信息共享与资源对接的效率。利用人工智能技术，政府可深度挖掘海量营商数据，为企业精确画像，依托产业协同平台、智能供应链管理系统等，促进不同企业之间的信息共享、资源对接和业务合作。同时帮助企业优化库存、物流和生产计划，提高整个供应链的效率和响应速度。通过人工智能分析市场趋势、消费者行为等数据，也可以为企业提供智能化的决策支持。例如，智能市场分析工具可以帮助企业预测市场需求、制定营销策略，提高市场竞争力；通过分析企业的财务数据、市场数据等，可以为政府制定产业政策、优化营商环境提供科学依据。

延伸阅读

江苏昆山：数据为基，应用领航[②]

在城市规模不断扩大、产业变革日新月异、应用需求与日俱

[①] 王正新，刘俊.从传统营商环境走向"数智化"营商环境[J].理论探索，2023，(02).
[②] 郎寅哲.江苏昆山：数据为基，应用领航[EB/OL].中国金融信息网，2024-12-26. https://h.xinhuaxmt.com/vh512/share/12338414?d=134db4a.

增的背景下,江苏省昆山市探索"数据为基,应用领航"的实践路径,以公共智慧底座为基础,积极打造数据要素应用场景,盘活数据资产,助力数字经济高质量发展,为释放数据要素价值提供了宝贵的"昆山思路"。

2021年底,昆山在全国县域范围内率先建设公共智慧底座,将原来分散在70多个单位的公共数据进行归集,突破区划、行业、部门界限,让数据充分汇聚、高效流动,建立起城市数字化共性基础。截至2024年11月底,数字昆山公共智慧底座已汇聚数据达200多亿条,累计支撑各类应用场景调用超19亿次,为昆山各类智慧场景建设提供了强有力支撑。

目前,公共智慧底座已成功赋能400多个"小巧灵"数字化应用,在数据要素应用场景打造方面交出多份"高分答卷"。民生治理领域,昆山市"一梯通管"智慧管理平台当前已接入电梯8337台,覆盖全市268个小区,其中动迁小区87个,涵盖"精准监管""智慧维保""辅助决策"三大模块,有效预防并减少涉电梯领域安全事故发生,不断增强人民群众的获得感、幸福感、安全感。近日,该案例成功入选"中国改革2024年度案例征集活动"地方全面深化改革典型案例名单。

就在前不久,江苏省数据局公布首批12个行业领域共计79个"数据要素×"典型案例名录,"昆山模式:老年健康管理与生物医学大数据创新应用"和"数感花桥"两个案例成功入选。

为应对人口老龄化现象以及老年医疗数据分散、健康管理不连续等问题,昆山市第一人民医院通过老年健康管理与生物医学大数据创新应用,实现生物医学数据的高效整合、精准分析和安全共享，促进医疗服务的个性化和精准化，优化公共医疗资源的使用效率，有效降低医疗成本，减轻了老年人群的经济负担。

"数感花桥"则是利用城市信息模型、物联网、云计算、大数据、人工智能等信息技术，将全区泛在终端感知设备打造成"神经元"，将生产、生活等多维度数据汇聚连接起来，从连接、数据、算法、服务、平台等5个维度融合汇聚，建设全面泛在感知体系，实现对城市的精准分析、整体研判、高效决策和协同治理。目前已接入20个部门、12类应用、566个共享接口、785万条数据，应用自上线以来，已累计发现并处置各类城市管理问题2000余件。

数字消费领域，昆山市"智慧旅游沉浸式体验空间""基于大型（2吨级）及中型eVTOL智造的商业化运营""'数元通'支付"和"昆山市低空经济城市无人机运输场景"共4个项目成功入选"2024年江苏省数字消费创新场景"，在元宇宙、低空经济和数币智付等应用领域积极贡献智慧与力量。

以全新应用场景为引领，昆山市主动引导企业响应政策号召，盘活数据资产。近日，昆山交发集团下属鹿路通大数据有限公司的"昆山市新能源汽车充换电数据集"已在无锡大数据交易平台成功登记并获得"数据资产登记证书"，完成数据资产入表，标志着昆山市国有企业在数据资源资产化领域迈出了坚实的步伐。

（中国金融信息网　郎寅哲）

企业服务平台精准助企发展[①]

记者从哈尔滨市营商环境建设监督局获悉，哈尔滨市企业服务平台自2023年末上线运营以来，集政策服务、资源对接、产业生态服务、诉求反映为一体，以数智引擎为支撑，精准对接企业需求，助力企业发展。截至目前，平台新增注册用户7336个，日均浏览次数1904次，访问用户量累计14985个；发布国家和省、市级惠企政策事项2819个，政策指南116个，政策解读231个，政策匹配0.9万次；入驻服务机构72家，发布服务产品90个，梳理构建产业链61条。

据介绍，哈尔滨市企业服务平台"惠企政策"子平台聚焦哈尔滨企业发展所需，着力在政策精准筛选和匹配上下功夫，通过大数据、智能算法，构建政策画像和企业画像，实现惠企政策一键速配，变"企业找政策"为"政策找企业"。"惠企政策"子平台浏览量达1.6万次。

同时，"产业生态"子平台以构建"产业生态信息、产业生态推荐、产业互动交流"于一体的产业生态体系为目标，聚焦哈尔滨市重点产业链，以道里区、阿城区、宾县市场主体为基础，围绕生物医药、绿色农产品、特色旅游3条产业链条，引导辖区范围内百余家企业入驻平台，充分发挥产业生态子平台汇聚产业链企业、产品、需求，为企业推送上下游节点供需匹配的功能，

[①] 马智博. 企业服务平台精准助企发展[EB/OL]. 黑龙江日报, 2024-12-13. http://epaper.hljnews.cn/hljrb/pad/con/202412/13/content_212778.html.

有效推动相关企业寻求合作机会、助力上下游产业精准对接。

据介绍，哈尔滨市企业服务平台将持续优化已有功能服务，创新服务手段，延伸服务内容，结合线下企业人才服务专区建设，同步赋能线上服务资源，通过统一门户网站、移动端APP、微信公众号三端应用为哈尔滨企业的发展保驾护航。

伊金霍洛旗：数智赋能，加速新质生产力发展[①]

数据要素是培育新质生产力和实现高质量发展的关键引擎，教育数据、医疗数据、能源数据、社会治理数据……已深刻改变着伊金霍洛旗的生产方式、生活方式和社会治理方式。

伊金霍洛旗作为鄂尔多斯市城市核心区的重要组成部分，近年来，在积极做好能源保供的同时，坚持科技赋能产业转型，深入实施国家"数据二十条"及"数据要素×"战略，在夯实数据共享开放底座、拓展数据要素乘数效应等方面不断探索，取得了较好的成效。

以"数智+网云"夯实数字底座

伊金霍洛旗坚持以数字化改革为引领，先后颁布实施了《伊金霍洛旗政务信息资源共享工作实施方案》《伊金霍洛旗数字城市建设十四五发展规划》《伊金霍洛旗政务信息资源共享管理制度》等相关政策，编制了《伊金霍洛旗政务信息资源共享目录清

---

① 伊金霍洛旗政务服务与数据管理局.伊金霍洛旗：数智赋能，加速新质生产力发展[EB/OL].伊金霍洛政数,2024-12-24. https://mp.weixin.qq.com/s/u-8qTb5-G0lefBIRmD2AAw.

单》，以数据汇聚为基础，以数据融通为手段，以数据应用为目标，为企业提供技术服务，将数字红利渗透到各行各业。目前，已有77个部门接入公共信息平台，已发布资源目录1011个，接入数据量达到1.12亿条，获取申请资源数388个，5个数据应用，订阅数据257个。打造"数据治理平台"，对36个部门13套系统295类2100万条数据进行数据治理，治理产生1478万条数据、1116张数据资产，形成基础库、部门库、人口共享库等5个主题库，最终形成了"根数据库"数据资产，为多个应用提供数据支撑。

建设完善、强大、安全的信息基础设施，为数字经济健康发展提供支撑。按照伊金霍洛旗数字城市建设整体规划，搭建了"伊金霍洛政务云"存储平台，提供统一的云存储、云服务器、核心网络等级保护，为全旗相关部门及"智慧城市"建设应用提供云主机78台，云存储达到22PB。"光网乡村"建设覆盖全旗135个行政嘎查、村，覆盖率达100%。全旗75个集中办公大楼接入互联网和电子政务外网，每年节约财政网络租费约450万元。以"网+云+应用"赋能数字社会创新，探索提升数字经济占GDP比重，加速培育新质生产力。

以"数字+生态"创新推动数字产业发展

数据是数字时代的基础性资源和战略性资源，也是数字经济的关键生产要素。为推动数据要素更好赋能产业发展，伊金霍洛旗重点培育发展了一批大数据、信息化领域的"专精特新"企业。今年7月11日，由伊金霍洛旗培育的信息化企业国能互通申报的"激活物流数据要素，创新产业数字金融"项目作品脱颖而出，斩获全国总决赛二等奖。国能互通内蒙古网络科技有限公司建设的"能源产业数字化服务平台"就是充分利用数据资源，挖掘数据在产业链商贸流通中的应用价值，以"平台+生态""科技+场景"运营模式，汇聚全流程、全品类、全场景等数据要素，实现了煤炭生产、交易、物流、仓储和消费各环节数据的互联互通。目前，平台每日新增数据量达10万条，覆盖煤炭、电力、煤化工、物流等企业信息，产能、销量、流向以及公路和铁路运费等数据，已经为华能、华电、国家能源、大唐集团等2000多家产业链客户提供了精准、高效的采购（销售）服务，累计交易量超过8亿吨，累计完成交易金额超2600亿元，带动了能源产业整体规模增长。

以"数据+服务"促进数据要素开发利用

大数据织牢社会救助"安全网"。打通数据壁垒，整合了民政、残联、教体、红十字会等部门15项救助类数据60524余条，通过技术手段依法全面、准确获取救助申请对象家庭情况、补助等信息，形成"用数据说话、用数据管理、用数据决策、用数据创新"的服务模式，实现"救助"工作更加"实时、精准、公平"。

数据赋能新时代法律监督创新。构建"政府助企纾困专项补贴大数据法律监督模型"，融通卫健委、医保局、工信局、不动产登记中心等11个部门129项数据资源，形成"检察数据池"，通过筛查、比对、碰撞，将企业申报缴纳供暖面积数据与企业实际缴纳供暖面积进行比对分析，精准锁定提供虚假申报材料骗取政府专项补贴的企业名单，目前，已监督立案2件，督促挽回国有资金50余万元。

通过市党建引领基层治理"根数据库",汇聚1.2万余条企业数据,全面梳理各类惠企政策,将惠企政策数字化、智能化,以"云"端非接触方式向企业推送惠企信息,将企业外来务工子女入学保障、引进人才政策、促进就业提升工作等惠企政策信息通过短信精准推送到企业负责人手中,真正让惠企政策"找得到、看得懂、办得了"。

接下来,伊金霍洛旗将继续发挥能源保供基地牵引作用,促进数据、技术、场景在实体经济中的深度融合,重点挖掘文旅、能源、农业等重点产业数据潜能,构建数据产业生态,拓展数据应用的广度和深度,以数据服务产业高质量发展。

(二)推动教育教学模式创新

人工智能在教育领域的应用已经日益广泛且深入,极大地改变了传统的教学方式和学习体验。通过分析学生的学习行为、成绩、兴趣等多维度数据,人工智能可以为学生推荐个性化的学习资源和路径。例如,智能学习平台可以根据学生的学习进度和能力,推荐适合他们的练习题、课程视频和阅读材料。一些智能学习系统能够根据学生的反馈实时调整教学内容和难度,确保每个学生都能按照自己的节奏学习。这种个性化的学习方式有助于提高学生的学习效率和兴趣。

利用自然语言处理、语音识别等技术,人工智能还可以充当虚拟助教的角色,为学生提供"24×7"的在线辅导和答疑服务。例如,一些大学已经部署了人工智能助教,帮助学生解决课程学习中的疑惑。人工智能可以自动批改学生的作业和试卷,提供即时的反馈和建议。这不仅可以减轻教师的工作负担,还能让学生更快地了解自己的学习情况，及时进行调整和改进。

此外，人工智能还可以为教育管理者提供智能化的治理和决策支持。通过计算机视觉和语音识别技术，人工智能可以分析学生在课堂上的表现，如参与度、注意力集中情况等，为教师提供改进教学的依据。利用人脸识别技术，人工智能可以实现自动点名和考勤，提高课堂管理的效率。通过对教育数据的深入挖掘和分析，人工智能可以发现教育领域的热点问题和趋势，为教育政策的制定和调整提供科学依据。同时，人工智能还可以对教育管理的各个环节进行智能化监控和预警，及时发现和纠正管理中的问题，提高教育管理的效率和水平。基于学生的学习数据，人工智能可以预测他们的学习成果和未来发展潜力，为教师提供有针对性的教学建议，帮助他们优化教育资源配置、提高教育质量。

在教学资源方面，人工智能可以自动生成教育视频和课程内容。例如，一些平台利用人工智能技术将文字内容转化为生动的视频，提高学生的学习兴趣。在图书馆管理中，人工智能可以实现图书的自动化盘点、检索和推荐，提高图书资源的利用效率。人工智能通过构建智能化的学习环境，为学生提供更加便捷、高效、个性化的学习体验。通过物联网、虚拟现实、增强现实等技术，打造沉浸式的学习场景，让学生身临其境地感受知识的魅力。同时，人工智能还可以根据学生的学习需求和反馈，不断优化学习环境的设置和布局，提高学生的学习效果和舒适度。

通过整合全球优质的教育资源，人工智能可以实现教育资源的智能化管理和共享。通过跨语言人工智能翻译、区块链确权等技术，人工智能可以打破地域限制，将不同国家、不同地区的优质教育资源进行数字化处理，形成全球化的教育资源库，实现教育资源的公平分配和高效利用，促进教育均衡发展。在促进教育领域的国际交流与合作方面，通过跨语言人工智能翻译、远程协作平台等技术，可以打破语言和文化障碍，让不同国家、不同地区的教师和学生进行无障碍的交流和合作，彼此增进相互理解和信任，推动教育领域的国际交流与合作向更深层次、更宽领域发展。

延伸阅读

两会现场速递｜优化高等教育布局 推进义务教育优质均衡——教育部部长怀进鹏"部长通道"回应教育热点[①]

DeepSeek、智能机器人等新技术将会对教育产生什么样的变革？高校学科设置有什么新动向？如何让孩子们享受更优质、更适宜的基础教育？5日举行的十四届全国人大三次会议首场"部长通道"上，教育部部长怀进鹏回应教育领域热点问题。

"DeepSeek和机器人近期引起国内外广泛关注。这体现了中国科技创新和人才培养的效果，也对我们教育发展和人才培养提出了新要求。"怀进鹏说，教育部将结合国家战略需要和区域经

[①] 杨湛菲，王思北.两会现场速递｜优化高等教育布局 推进义务教育优质均衡——教育部部长怀进鹏"部长通道"回应教育热点[EB/OL].新华社，2025-03-06. https://h.xinhuaxmt.com/vh512/share/12435081?d=134fec2&channel=weixin.

济社会发展，有效推动高等教育优化布局和分类改革，更好地引导学校面向国家战略和产业急需培养人才。

近段时间，国内多所高校宣布进行学科专业调整，有增有减，引起社会关注。怀进鹏表示，下一步将优化现有学科，围绕国家战略需求和科技发展优化学科设置，前瞻布局新兴学科和交叉学科，加快布局人工智能、生物技术、新能源、新材料等领域学科建设。建立研究生、本科和高职三个学科专业目录的协同联动机制，建立人才供需动态监测机制，以更好适应国家需求，跟进产业发展。

怀进鹏表示，将继续加大国家智慧教育平台建设，今年我国将发布人工智能教育白皮书，指导学生适应人工智能时代、不断提升创新精神和能力。

（新华社北京2025年3月5日电 记者杨湛菲、王思北 本文节选自原报道）

海南以"多跨协同、预填秒审、智能AI"助力高效办成教育入学"一件事"[①]

记者从海南省教育厅获悉，教育入学"一件事"于6月30日正式上线"海易办"平台"高效办成一件事"专区。该服务上线后，家长只需在线填报"一张表单"，上传"一套材料"，即可完成子女入学申请，办理环节由4个减少为1个，跑动次数由至少跑

---

① 陈碧琪. 海南以"多跨协同、预填秒审、智能AI"助力高效办成教育入学"一件事"[EB/OL]. 新华社, 2024-07-03. https://h.xinhuaxmt.com/vh512/share/12084439?d=134d93f&channel=weixin.

动1次减少为"零跑动",切实提高家长办事的幸福感和满意度。

据悉,海南省教育厅、省营商环境建设厅、省大数据管理局、省公安厅、省自然资源和规划厅、省人力资源和社会保障厅等单位加强跨部门协同联动,聚焦高效办成教育入学"一件事",通过优化流程、简化材料、压缩环节,实现办结时限由至少14个工作日优化为最快当日办结,家长填报表单字段由41个缩减为7个,申请材料由15份精简为5份,直升入学及符合优待条件适龄儿童实现"零材料",办理环节由4个减少为1个,跑动次数由至少跑动1次减少为"零跑动"。家长可以通过"海易办"APP、"海易办"微信和支付宝小程序或"海南政务服务网",使用教育入学"一件事"服务。

数字化改革牵引,实现入学申请材料由"人工填写"到"智能预填"。为进一步减轻家长办事负担,提高入学申请效率,海南省教育入学"一件事"将传统的逐项内容"填表"转变为"智能预填为主,人工补充为辅"。通过数字赋能、数据连通,实现户籍、婚姻、社保、不动产、高层次人才证明等信息自动校验、关联对比,推动入学信息无感采集、自动预填。改革后,数字赋能实现材料自动预填,填表正确率提升至100%,申报过程最快仅需1分钟,审批时间由14个工作日缩短至当日办结。目前,海口市已上线部分材料免填功能;三亚市上线全量材料预填功能,同时启动白名单预审机制,办结时限可实现当日秒审。家长可以根据系统提示授权使用数据,即可实现材料"一键提交",学位"秒级申请"。

智能化技术加持,实现招生服务由"传统人工"到"智能客服"。海南省运用智能AI技术创建在线客服,打造不打烊、全天候的"7×24小时"在线服务，更好满足家长的咨询需求，并为家长打造全方位的智能化教育服务体验。如智能客服提供"智能选校推荐"功能，帮助家长迅速选择心仪学校；"入学政策解读"功能，辅助家长准确理解招生政策；"申请流程指导"功能，助力家长顺利完成学位申请。

受众覆盖面扩大，实现入学申请由"单一群体"到"多元群体"。为响应更多特殊群众的办事需求，除内地身份证外，海南全省增加支持港澳居民来往内地通行证、台湾来往大陆通行证、外国人永居证等3类证件适龄儿童或监护人的线上入学申请；支持高层次人才、现役军人、烈士、公安英模等4类子女入学优待申请。此外，三亚市增加消防救援人员子女入学优待申请。海口市探索支持3类特殊群体学生信息标签画像，分别为留守儿童、无人抚养儿童、家庭经济困难学生，实现自动比对核验后方便入学的标签化管理。

（新华网海口2024年7月3日电　记者陈碧琪）

（三）多维度多环节优化出行体验

作为智慧交通的重要驱动力，从交通流量优化到出行信息服务，从智能信号控制到自动驾驶，DeepSeek等人工智能技术能够应用于交通系统的多个环节，有助于缓解交通堵塞，发现安全隐患，降低物流成本，优化出行体验。

在交通流量方面，通过对海量历史交通数据的分析，结合深度学习算法，人工智能大模型能够精准预测不同时段、路段的交通流量变化。例如，传统的交通信号灯是固定时间控制的，难以适应复杂的交通流量变化。在早晚高峰时段，可以提前预估拥堵路段，并及时向交通管理部门提供预警，以便采取相应的疏导措施，如调整信号灯时长、引导车辆分流等，从而有效缓解交通拥堵。

在交通管理方面，人工智能能够辅助交通管理部门进行事故预测与快速响应，通过监控视频和传感器数据，及时发现潜在安全隐患，减少交通事故的发生。

在物流运输方面，智能算法能够根据实时路况和货物需求动态调整配送计划，优化货物配送路线，减少运输时间，降低运营成本。

在公共交通方面，根据实时客流量和交通状况，智能公交系统可以动态调整发车频率和行驶路线，方便乘客出行。同时，乘客通过手机应用就能实时查询公交车辆的位置和到站时间，合理安排出行计划。

然而，人工智能在智慧交通领域的应用也面临着一些挑战。交通数据涉及个人隐私和公共安全，必须确保数据的合法收集、存储和使用。与此同时，人工智能系统的可靠性和稳定性也需要不断提升，以确保在复杂多变的交通环境中能够正常运行。

（四）为环境治理提供新思路新方法

从监测环境质量到预测自然灾害，从优化资源利用到推动生态修复，DeepSeek 等人工智能技术为解决环境难题提供了创新思路与有效方法。

在环境监测方面，借助人工智能技术，通过卫星遥感、无人机监测和物联网传感器等手段，可以实时监测大气、水体、土壤等环境要素。例如，利用卫星图像识别和机器学习算法，科学家能够快速监测森林砍伐区域、土地荒漠化变化情况、海洋污染扩散范围，甚至精准定位非法排污企业。传感器收集的空气、水体质量数据经算法处理，能及时察觉污染异常，为环境预警提供依据。在一些城市，借助人工智能搭建的空气质量监测系统，可提前预测雾霾天气，以便相关部门及时采取应对措施，降低污染对居民生活的影响。

在资源管理方面，对于水资源，人工智能可通过分析水文数据，预测水资源的时空分布变化，助力合理分配水资源，应对干旱或洪涝等灾害。对于林业资源，人工智能能够对森林资源进行数字化建模，通过分析树木生长状况、病虫害发生趋势等信息，制定科学的森林抚育与保护计划，促进森林生态系统的可持续发展。对于矿产资源，人工智能还可以通过分析矿产资源的分布和开采情况，为资源的合理开发和循环利用提供支持。

在生态保护方面，许多珍稀物种的栖息地受到人类活动和气候变化的威胁，而人工智能技术可以帮助科学家更好地了解这些物种的生存状况。例如，通过安装在野外的摄像头和传感器，结合图像识别和声音分析技术，研究人员可以实时监测野生动物的活动轨迹、种群数量和行为模式。这些数据不仅有助于保护濒危物种，还能为生态系统的修复和保护提供指导。

由于环境监测数据往往受到自然条件和人为因素的影响，人工智能在环境领域应用时需注意数据的准确性和完整性。另外，人工智能系统的开发和运行需要大量的计算资源，这也可能对环境产生一定的负担。因此，在利用人工智能保护环境的同时，也需要关注其自身的可持续性。

第七章　"人工智能+"驱动智慧城市蝶变

> **延伸阅读**

凝"新"聚"力" 共促矿山智能化转型升级[①]

2025年1月15日，2024年数字矿山融合发展提升本质安全交流会在新疆乌鲁木齐市举办，多名业内专家及企业代表建言献策，共促矿山智能化转型升级。

数字矿山融合发展是发展方向

中国矿山安全学会副会长、国家矿山安全监察局事故调查和统计司原司长赵苏启在交流会上表示，矿业是国民经济发展的重要支柱性产业，数字矿山融合发展是矿山先进生产力的发展方向，是统筹发展安全两件大事的现实需要，是培育发展矿山新质生产力和实现矿山高质量发展的有效途径。

近年来，新疆在数字矿山融合发展方面做出了诸多探索。国家矿山安全监察局新疆局总工程师彭晓利说，截至2024年底，全区共有42处煤矿建成智能化矿井，19处露天煤矿1083台无人驾驶矿用卡车投入使用；通过智能化建设，区、州、县基本实现对所有矿山视频监控全覆盖，关键点位实现100%联网。

新疆数字矿山融合发展是我国矿山转型升级的一个缩影。近年来，在国家矿山安全监察局积极推动下，我国矿山安全数字化、智能化转型取得了积极进展和成效，包括已建成一批千万吨级百

[①] 杜刚，陈永强. 凝"新"聚"力" 共促矿山智能化转型升级[EB/OL]. 中国金融信息网, 2025-01-15. https://h.xinhuaxmt.com/vh512/share/12367980?d=134fe03.

· 143 ·

人煤矿，真正实现"无人化""少人化""机器人化"。经统计，现有1.7万个固定岗位实现了无人值守。

一批核心关键技术装备研发应用实现重大突破

国家矿山安全监察局政策法规和科技装备司副司长邹德仑介绍说，国产超大采高智能采煤成套装备等达到国际领先水平，各类作业机器人相继投入使用，部分露天矿卡车实现了无人驾驶编组运行。截至目前，全国已经有数千辆无人驾驶车辆在各类矿山推广应用。

针对近年我国千万吨级大型矿井和千米深井日益增多，井工煤矿开采面临瓦斯、水、火、顶板、冲击地压等多种灾害威胁，频现耦合伴生事故问题，中国煤科新疆研究院、重庆研究院董事长邓飞介绍说，重庆研究院以"精准感知—智能监控—融合预警—协同防控"为总体理念，重点推进了云边端一体化智能监控融合预警系统与钻探测一体化智能钻孔机器人两类新技术与装备的研发，为煤矿安全增智赋能与减人提效贡献了重要力量。

全产业链数字矿山建设还需持续发力

邹德仑认为，当前我国矿山行业深化改革的一项重要任务，就是通过数字化、信息化、智能化带动采矿工艺技术装备变革，进而实现矿山本质安全水平大幅提升。

针对智能矿山建设标准问题，矿冶科技集团有限公司首席专家、中国矿山安全学会金属矿山安全专业委员会主任委员杨小聪说，智能矿山的标准建设已经进入加速阶段，未来会有很多相关的国家标准出台，将根本上扭转标准缺乏的现状。

国家矿山安全监察局政策法规和科技装备司原一级巡视员、

网信办主任（兼）王素锋对智慧矿山提出了更高期许。她说，矿山信息化、数字化建设是矿山智能化的基础，而智能化是一个迭代发展进步的过程，不是一次性工程。在数字赋能矿山方面我们还有许多工作要做，单个系统智能化、统一数据应用相对成熟，但矿山全面智能化、全生命周期、全产业链数字化智能化还没有完全实现。

王素锋建议，在政府的指导和支持下，矿山企业、装备制造企业、学院及科研单位、IT公司、社会团体，要共同借鉴国内外不同领域的先进经验和做法，建立共建、共享、开放机制，务实合作，研发出数字化程度高、智能化水平高，安全、可靠、适用性强的科技创新产品，共同推动数字矿山建设。

据了解，本次交流会由中国矿山安全学会、中国经济信息社、新华社新疆分社联合主办，中煤科工集团重庆研究院、中煤科工集团新疆研究院、上海伯镭智能科技有限公司提供支持。

（新华财经乌鲁木齐2025年1月15日电　记者杜刚、陈永强）

（五）医疗服务更趋精准高效

DeepSeek等人工智能技术正在改变医疗行业的面貌，不仅能够辅助提高疾病诊断的准确性和治疗方案的个性化水平，而且可以优化医疗资源的配置，为患者提供更高效、优质的医疗服务。

在疾病诊断方面，通过深度学习技术，人工智能可以快速分析大量的医学影像数据，如X光、CT、MRI等，辅助医生更准确诊断。以肺部疾病诊断为例，人工智能可精准识别肺部影像中的结节、肿瘤等异常，帮助医生更早发现病变，提高诊断准确率，缩短诊断时间。

在病理诊断方面，人工智能通过对组织切片图像的分析，辅助病理学家识别癌细胞，为癌症诊断提供参考依据。人工智能还可以分析电子病历中的数据，结合患者的症状、病史和家族病史，预测疾病的发生风险，帮助医生提前干预，降低疾病发生率。

在治疗方案方面，人工智能也发挥着重要作用。基于大数据分析，人工智能能够根据患者的个体特征和病情，为医生提供个性化治疗建议。例如，在癌症治疗中，人工智能可以根据肿瘤的类型、基因特征和患者的身体状况，推荐适合的化疗药物和剂量，帮助提高治疗效果，减少副作用。此外，人工智能还可以模拟手术过程，为外科医生提供术前规划和风险评估建议，降低手术风险。

在药物研发方面，人工智能有助于缩短研发周期、降低研发成本。通过虚拟筛选技术，快速从海量化合物库中筛选出潜在药物分子，提高研发效率。同时，利用机器学习预测药物的安全性和有效性，提前评估药物在人体中的反应，有利于降低临床试验阶段的失败率。

在医疗资源管理方面，通过智能算法，人工智能可以优化医院的排班系统，根据患者预约情况和医生工作量，合理安排医护人员的工作时间，提高医疗资源的利用效率。同时，人工智能还可以对医疗设备的使用情况进行实时监控和预测性维护，减少设备故障对医疗服务的影响。

尽管人工智能在医疗领域有诸多助益，但在实践中仍然需要注意患者数据隐私保护、算法透明度、责任认定、系统可靠性和准确性等问题。

> **延伸阅读**
>
> ## 国内首个！AI 儿科医生正式"上岗"[①]
>
> 2025 年 2 月 13 日，在国家儿童医学中心、北京儿童医院会诊中心，一位专家型 AI 儿科医生正式"上岗"，与 13 位儿科专家共同完成了一场疑难病例多学科会诊。记者从北京儿童医院了解到，这是全国首个 AI 儿科医生，有望辅助疑难罕见病诊疗，为儿科医疗服务带来新变革。
>
> 一名 8 岁男孩是此次会诊的对象，他持续三周抽动，两周前发现颅底肿物，病因复杂，辗转多地医院，诊疗结果不一。在这场会诊中，AI 儿科医生与来自耳鼻咽喉头颈外科、肿瘤外科等不同科室的 13 位知名专家给出了高度吻合的建议。
>
> "此次'上岗'的 AI 儿科医生，是北京儿童医院正在研发的儿童健康人工智能大模型系列产品之一，整合了北京儿童医院 300 多位知名儿科专家的临床经验和专家们数十年的高质量病历数据。"国家儿童医学中心主任、北京儿童医院院长倪鑫说。
>
> 倪鑫介绍，这款专家型 AI 儿科医生，既可以担任临床科研助

[①] 顾天成，侠克. 国内首个!AI 儿科医生正式"上岗"[EB/OL]. 新华社，2025-02-14. https://h.xinhuaxmt.com/vh512/share/12410263?d=134fe66&channel=we.

理，帮助医生快速获取最新科研成果和权威指南，也可以辅助医生进行疑难罕见病的诊断和治疗，提升临床决策效率。

据悉，此次会诊开启了"AI儿科医生+多学科专家"的双医并行多学科会诊新模式。项目技术合作单位百川智能创始人、CEO王小川认为，AI儿科医生的应用将会极大地促进优质医疗服务的普及和普惠。

"我国目前依然存在儿科医生较为短缺的问题。在这一背景下，AI赋能将为保障儿童健康、扩容儿科资源带来深刻变革。"中国科学院院士、清华大学人工智能研究院名誉院长张钹说。

"新时代的儿童健康从大模型开始！"倪鑫表示，专家型、家庭型和社区型AI儿科医生陆续"上岗"，全方位覆盖基层医疗机构和家庭健康管理等多元化场景，将促进医疗资源均衡布局和高质量发展。通过技术赋能，让有需要的孩子都能享受优质医疗服务，为全国3亿儿童的健康成长保驾护航。

（新华社北京2025年2月14日电　记者顾天成、侠克）

（六）促进形成智慧应急管理新格局

《"十四五"国家应急体系规划》指出，应当"建立与基本实现现代化相适应的中国特色大国应急体系，全面实现依法应急、科学应急、智慧应急，形成共建共治共享的应急管理新格局"[1]。

在数字技术赋能应急管理的进程中，DeepSeek等人工智能

---

[1] 国务院.国务院关于印发"十四五"国家应急体系规划的通知[EB/OL]. 中国政府网，2021-12-30. https://www.gov.cn/gongbao/content/2022/content_5675949.htm.

技术凭借多模态融合感知、动态知识演化与复杂系统推演能力，正在推动应急管理前端响应、风险评估、应急指挥等各环节的智能化变革，在自然灾害预警、事故灾难处置、公共卫生响应等场景中展现出巨大应用价值。在前端响应方面，DeepSeek通过智能接警和调度功能提升了工作效率。例如，深圳市消防救援支队部署了DeepSeek-R1模型，接警员可以利用人工智能模型的知识库和智能语音识别技术，快速从报警语音中提取关键信息并自动生成接警单，实现高效响应[1]。在风险评估方面，DeepSeek能够整合多维度数据源，形成全域风险信息池，提供精准的风险评估和预警功能。例如，南京部署应急管理大模型"宁安晴"，整合了超过20万条法规案例数据，成功实现灾害预警、物资调配的智能化，提升分析效率[2]。在应急指挥方面，DeepSeek通过多模态感知、时空推理和动态优化技术，为应急决策提供了有力支撑。

未来，随着DeepSeek技术的不断成熟和应用场景的拓展，智慧应急将更加智能化、高效化和人性化。例如，未来南京将推动"宁安晴"在自然灾害预警、跨部门协同指挥等复杂场景的应用，

---

[1] 深圳消防率先上线DeepSeek-R1智能模型，开启消防领域人工智能应用新阶段![EB/OL].深圳消防,2025-02-21. https://mp.weixin.qq.com/s?__biz=MzA3NTg4MzYzMg==&mid=2653351281&idx=2&sn=57550a591402432c417eb6094e023edf&chksm=85964a20fe195e061c6ada8954fbd3bb1a25fbf58fb098bd70b633365b2cd71608feed6d10df&scene=27.

[2] 王国俊，李鸿雁. 南京发布DeepSeek应急管理政务大模型[EB/OL]. 南京日报，2025-02-22. http://www.njdaily.cn/news/2025/0222/7437769620253724303.html

并联合高校、科研机构持续优化模型算法，推动应急管理从"智能辅助"向"自主决策"演进，为构建安全韧性城市注入新动能。

二、"关键钥匙"如何推动城市"智能运营"

智慧城市建设是城市现代化的重要标志，人工智能作为智慧城市的重要技术之一，是实现城市智慧化的关键钥匙，不仅有利于实现城市管理和服务的智能化、精准化，还能提高城市运行效率，促进城市治理体系和治理能力现代化，推动城市从"有形的建设"向"智能的运营"转变。

未来，人工智能将与6G、物联网、大数据、云计算等技术深度融合，共同推动智慧城市建设的创新发展。人工智能在智慧城市建设中的应用，将推动社会治理方式的不断创新。通过构建"城市大脑"，实现城市运行状态的全面感知、态势预测和智能决策，提高城市管理的精细化、智能化水平；通过智能政务服务平台，实现政府服务的透明化、高效化和个性化；通过城市管理中的海量数据进行深度挖掘和分析，为政府决策提供科学依据，推动城市治理从经验决策向数据决策转变。

未来新型智慧城市的构建，将更加强调技术与人的和谐互动，以人为本，提升居民的幸福感和满意度。通过构建人性化的智慧服务系统，利用大数据分析精准预测居民需求，提供个性化、定制化的服务。智慧城市将成为居民参与城市管理、享受城市服务、提升生活质量的重要平台。

在新型智慧城市建设过程中，也将更加注重环境保护、资源节约和生态可持续发展。利用智慧技术进行精细化的城市规划和管理，优化能源结构，提高资源利用效率，减少污染排放，促进绿色生态城市建设，实现经济、社会和环境的协调发展。

新型智慧城市的建设是一个长期、复杂而又充满挑战的过程。它需要政府、企业、科研机构和公众等社会各方面的共同参与协作，通过不断的技术创新、管理创新和模式创新，实现城市的智能化、人性化和可持续化发展。①

---

① 张新长,华淑贞,齐霁,等.新型智慧城市建设与展望：基于 AI 的大数据、大模型与大算力 [J]. 地球信息科学学报,2024,26(4):779-789.

PART 08

第八章

如何应对"人工智能+"赋能数字政府建设的风险与困境?

> DeepSeek等人工智能技术正在成为推动各行业变革的关键力量,各地政府在接入人工智能大模型过程中,需要审视和重视人工智能技术带来的各种风险和复杂挑战,从积极落实和完善法律法规和监管机制、持续强化网络安全保障、前瞻规划和合理布局、提升数字素养、优化和管控大模型可信度和成熟度、防范过度技术依赖等方面,寻求规避和解决之策。

一、现实与未来面临的风险与困境

（一）法律法规的适配性和监管风险

近年来，为了促进人工智能的健康发展和规范应用，维护国家安全和社会公共利益，保护广大公民、法人和其他组织的合法权益，根据《中华人民共和国网络安全法》《中华人民共和国数据安全法》《中华人民共和国个人信息保护法》《中华人民共和国科学技术进步法》等法律、行政法规，先后制定并颁布了《生成式人工智能服务管理暂行办法》[①]《互联网信息服务算法推荐管理规定》[②]《互联网信息服务深度合成管理规定》[③]等办法规定。其目的是预防技术滥用带来的各类安全风险，防止滥用，预防风险，促进并保证人工智能安全可靠的发展。

《全球人工智能治理倡议》[④]提出，人工智能是人类发展新

---

① 国家互联网信息办公室，国家发展和改革委员会，教育部，科学技术部，工业和信息化部，公安部，国家广播电视总局.生成式人工智能服务管理暂行办法（国家互联网信息办公室等七部门令第15号）[EB/OL].中国政府网，2023-07-13. https://www.cac.gov.cn/2023-07/13/c_1690898327029107.htm.

② 国家互联网信息办公室，工业和信息化部，公安部，国家市场监督管理总局.互联网信息服务算法推荐管理规定（国家互联网信息办公室等四部门令第9号）[EB/OL].中国政府网，2021-12-31. https://www.cac.gov.cn/2022-01/04/c_1642894606364259.htm.

③ 国家互联网信息办公室，工业和信息化部，公安部.互联网信息服务深度合成管理规定（国家互联网信息办公室等三部门令第12号）[EB/OL].中国政府网，2022-11-25. https://www.cac.gov.cn/2022-12/11/c_1672221949354811.htm.

④ 国家互联网信息办公室.全球人工智能治理倡议[EB/OL].中国政府网，2023-10-18. https://www.cac.gov.cn/2023-10/18/c_1699291032884978.htm.

领域，全球人工智能技术快速发展，对经济社会发展和人类文明进步产生深远影响，给世界带来巨大机遇。同时，也强调人工智能技术也带来难以预知的各种风险和复杂挑战，在安全、社会治理、道德伦理等方面带来众多新课题。

在数字政府领域，法律法规的适配性涉及数据安全、隐私保护、网络安全、知识产权等方面，监管风险涉及算法透明度不足、责任划分不清、合规审查机制不健全等问题。

1. 个人敏感信息使用和处理的合规性问题

政务服务场景中，调用个人敏感信息和数据时，大模型可能因训练数据混杂而难以精准过滤敏感字段，无法满足《个人信息保护法》的"最小必要原则"。

2. 算法备案与透明度不足的问题

政务服务应用场景要求算法决策可解释，但大模型的"深度思考"逻辑推理模式存在黑箱特性，可能不符合《互联网信息服务算法推荐管理规定》的透明度相关的要求。

3. 责任主体和边界划分的困境和问题

在政务服务的政策解答场景中，当生成内容出现错误时，数字政府建设单位、大模型技术提供方、技术运维方的责任边界尚未明确，可能陷入《民法典》侵权责任认定争议。

4. 知识产权保护问题

针对海量数据的深度学习、训练、使用，很有可能会包含仍在著作权保护期内的作品和内容，这与生成式人工智能开展训练数据处理活动应当使用合法来源数据的相关规定不符。

5. 国内外法律法规监管差异问题

使用国外大模型产品时，存在因国内外法律监管差异带来对知识产权、约束条款、权利义务等的认识不一致的风险。如欧盟《人工智能法案》与我国《生成式人工智能服务管理暂行办法》在监管范围、处罚力度等方面存在差异。

（二）数据安全与隐私保护风险

人工智能的应用部署和落地，依赖于海量数据的训练和调用，存在数据泄露、滥用或被恶意攻击的风险。政务服务场景中的数据中涉及大量敏感信息，如果安全防护不到位，可能导致隐私泄露、数据篡改等风险。

1. 大模型代码缺陷

大模型代码存在漏洞缺陷有可能被有组织的针对和利用，威胁政务服务的业务稳定性和数据完整性；大模型训练数据偏见可能导致算法结果不准确等问题。

2. 知识发现和隐私泄露风险

大模型训练数据中隐含的历史信息和隐私记录有可能通过训练输入和推理关联被还原，造成用户行为习惯、政策执行细节等敏感信息的二次泄露。例如，知道了某单位人员喜欢戴蓝色墨镜、穿白色皮鞋，当大家遇到某个戴蓝色墨镜且穿白色皮鞋（非敏感信息）的个人时，很容易推断这个人很可能属于某单位(敏感信息)。

3. 数据安全隐患

如果过多分散化的接入DeepSeek等大模型，同时又缺乏统一数据接口和标准，有可能会使敏感数据在异构系统中流转失控；

数据在传输训练过程中可能因网络攻击而被截获，在存储时若未加密则可能被非法访问。

（三）整体性系统化推进不足

通过人工智能技术赋能政务服务效能的提升过程中，需要重视顶层设计、进行充分论证、保证布局合理，以防止重复建设和无效投资。

1. 前期论证不足

缺乏对实际需求和应用效果的系统性思考和论证，未评估需求就投入大量资金盲目部署，会出现部分算力设备闲置、架构不匹配、场景不合理、产品封闭难以拓展、频繁迭代等系列问题，使得投入产出严重失衡。例如，多地政务云未经适配性验证即采购专用算力集群，实际使用率不足30%。

2. 未达预期效果

缺乏统一的规范要求和制度标准，且由于技术适配性不足或使用场景有限，未能实现预期效果，导致资源浪费。

3. 欠缺长远谋划

随着人工智能技术的快速发展，各类大模型和配套基础设施大量涌现，导致新技术和设备频繁迭代；大模型的训练需要一定的周期才能发挥实效。如果没有进行系统和长远的谋划，数月之后又要面临系统升级，甚至重建，或者影响项目延续。

（四）意识偏见和认识误区问题

随着人工智能在数字政府领域的场景落地和赋能，为广大群众提供了更直观、更切实地接触和享受智能化、便利化政务服务和社会公共服务的机会。在工作实践过程中，既不能对大模型存在过高期待、盲目信任，也不能因偏见而陷入误区，因此，需要不断提升关于人工智能领域的专业认识和技术能力。

1. 群众存在期待偏差

认为人工智能能够解决所有问题，原来在政务服务平台办理业务遇到的客服少、应对慢、搜索不准等问题都不会再出现了；在政策咨询场景中，如果系统提供的答案存在错误或误导性信息，易引发群众对政务服务工作的不信任。

2. 工作人员存在期待偏差

认为人工智能技术将替代自己的工作和岗位；认为人工智能能够解决工作中的所有遗留痼疾和问题，包括原有的业务问题。

3. 新应用场景中操作难度

随着 DeepSeek 等人工智能的部署上线，工作人员和广大群众在新的系统和应用操作过程中，会觉得增加了操作难度，导致新的不满意情绪、没有获得感等问题。

（五）模型可信度和成熟度风险

1. 客观技术问题

大模型在缺乏有效事实支撑和充分的数据输入训练的情况下，通过语义重组生成看似合理但实际错误或者无序的信息，其本质是模型对训练数据的过度依赖与逻辑推理能力的局限性，造成人工智能技术的"幻觉"等客观技术问题。

（1）原始输入数据要素的天然缺陷

通用大模型较多依赖公开网络数据，中文语料占比不高，且存在地域性、时效性偏差；专业领域知识缺失：政务服务事项，如监管执法、医药卫生等领域的术语和规范难以通过通用语料覆盖，模型可能生成连贯但不合规的建议。

（2）推理过程的不可解释性

当前通用大模型的决策逻辑存在"黑箱"，生成答案的中间推理步骤无法完全追溯。

2. 连锁反应问题

在政务服务场景中，模型的客观技术问题还会引发进一步的连锁反应。

（1）决策误导风险

若政策咨询系统基于错误答案生成建议，可能导致公共政策偏离实际需求，甚至引发社会矛盾。如在某市的交通智能指挥场景的业务实践中，人工智能生成的交通规划方案存在数据偏差，导致资源错配和决策失误。

（2）公信力危机

群众对人工智能生成内容的信任度，会直接影响对政府服务的接受度和好感度。在政务服务业务导办场景中，提供的答案存在错误或误导性信息，引发公众对政府服务工作的不信任。

（3）系统性风险扩散

政务服务数据涉及国家安全、公民隐私等敏感信息，若模型因"幻觉"输出错误性指令，部分政务服务部门因过度依赖人工智能输出而削弱人工复核机制，可能触发连锁的技术故障或安全事件。

（六）过度技术依赖的安全隐患

新技术的运用和落地必然会面临过度的技术依赖、新技术的不确定性、对传统业务的冲击等问题。

1. 过度依赖技术可能导致系统在面对技术故障、网络攻击或突发事件时显得很脆弱，以及成本不可控等

如大模型服务因算力不足或故障、有组织的网络攻击、模型技术缺陷突然中断等情况，将直接影响12345热线、政策咨询等高频政务服务场景的正常运转，甚至引发群众对政府应急能力的质疑；人工智能技术迭代加速，大模型版本频繁升级，可能迫使系统重复建设，增加项目投入和运维成本。

2. 大模型的技术路线的不确定性

如通用大模型与垂直领域定制模型的适配性差异显著，部分地方因盲目追求"技术先进性"而引入不成熟模型，最终导致业务流于形式；大模型因"幻觉"问题生成错误或误导性内容，在政策咨询、舆情回应等场景中可能引发决策失误。

3. 对传统政务服务流程改造可能引发结构性矛盾

部分低效环节（如信息录入、政策查询）被人工智能技术替代后，释放的人力资源需重新配置；工作人员队伍的数字素养与人工智能技术协同能力不足，会加剧"技术鸿沟"。如有平台在业务审批系统引入人工智能技术后，因人工复核成本过高，综合效率不升反降。

二、多维度破解之策

（一）积极落实和完善法律法规和监管机制

人工智能技术推广和使用过程中，还需要全世界、各个国家，以及国内各层级、各领域在实践中持续推动综合性立法和标准体系，以逐步覆盖新技术在具体应用场景中的深层问题。

1. 重视法律法规，增强法律意识

建设单位应重视法律规范的研究、落实和审查，严格落实已有的法律规定和规范要求。

2. 防范法律风险，提出风险警示

在提供服务的用户协议中增加"合法使用和警示条款"，明确生成内容不可替代专业法律规范和审批流程；公开服务的适用范围、使用规则，提供用户投诉反馈渠道。

3. 完善制度体系，规范项目建设

建设单位应制定人工智能应用建设的管理制度体系，明确管理责任、制度、规则和标准，规范本单位大模型人工智能应用建设工作，加强本单位主体权益的声明和保障。

4. 鼓励多方参与，广泛听取意见

建设单位应积极推动领域和主管部门法律规范体系的建设工作，为领域和主管部门持续完善相关法律规范提供实践依据和建议。

（二）持续强化网络安全保障

1. 明确数据安全边界杜绝被滥用或泄露

针对非公开数据，禁止使用 API 调用的方式，避免数据被截取或泄露；优先采用安全、可信、可靠的算力基础设施，确保数据主权和系统安全性；采用政务云或统筹性部署方式，确保"数据安全集中"，从物理层面和应用层面阻断数据外泄风险；引入加密技术和访问控制机制，防止数据在传输和使用过程中被篡改或窃取；定期开展数据质量与安全审计等，及时发现和修复潜在风险等。

2. 强化已有的平台安全和保障措施

完善政务服务数据分类分级标准，针对性明确涉密、敏感、普通数据的处理规则；实施针对性的动态权限管理，根据业务需求分配最小化权限并监控；构建针对性的"数据—模型—应用"全链路防护机制，从数据输入端限制敏感信息流入，模型训练阶段内置合规审查模块，输出端通过溯源机制确保结果可追溯；补充针对性的网络安全事件应急预案，定期开展攻防演练等。

3. 持续完善备案和监管机制

国家网信办已完成了三百多款生成式人工智能服务的备案，要求服务商提交数据安全保护方案，违规行为将面临行政处罚；编制政务服务人工智能应用的伦理边界，禁止生成可能引发社会矛盾的内容；在人工智能生成的同时进行人工校验，通过双轨验证模式兼顾效率与安全等。

4. 强化大模型数据偏见治理

针对大模型可能存在的训练数据偏见，建立算法伦理审查机制，通过多维度数据训练和人工校准减少输出偏差，防止因数据片面性导致政策建议失衡。

（三）前瞻规划和合理布局

1. 聚焦实际业务场景，评估模型需求

人工智能技术引进和部署前，建设单位应充分调研和评估实际业务场景和具体需求，明确并论证技术的匹配性和优先级，谨慎评估技术的适用性、兼容性和协同性。例如，建设分级分类应用清单，区分基础服务（如智能问答、材料编制）与核心业务（如应急指挥、职能导办），对涉及国家安全、民生保障的场景实行"白名单准入制"等。

2. 规范建设标准，建立评估机制

充分发挥已有的数字政府建设的协同机制和实践经验，各级平台，尤其高层平台应重视跨地方、跨部门、跨平台的统筹和规范，标准先行，评估保驾。避免重复建设、无效投资，协同保障资源投入的产出效益，以指标为导向锚定建设目标和预期效益。例如，编制统一的《技术规范》明确算力配置、数据接口、安全防护等核心指标，避免下辖各单位的低效重建和无序异构；通过政务云平台实现跨部门、跨平台、跨应用的算力资源共享，降低设备闲置率。

3. 鼓励应用创新，建立保障机制

充分评估实际业务需求，建立场景试点和技术路线，鼓励应用创新和效果评估；统筹建立科学的试点规划，做好大模型训练和迭代的周期管理，适当容错保障投入的可持续性和延续性。例如，采用模块化设计确保可扩展性，通过微服务架构实现功能模块的独立更新等；统筹构建"开放海量数据更新"与"自有动态知识库"双数据训练通道，既满足材料编制、知识解答等动态场

景需求，又确保政务事项办理等核心和专有业务场景的政策解读和材料指南等的稳定性；构建"稳定版"与"实验版"双技术迭代通道，稳定版集中展现核心功能，确保政务事项服务的连续性，实验版接入更多大模型新技术和新实践，通过沙箱环境验证使用效果后再逐步推广。

4. 加大合理投资，培育应用场景

合理安排预算，并通过针对性的扶持政策，激励产业和行业的发展和落地；勇于拓展业务场景，统筹开放数据等要素的共享接入和尝试，积极培育高智能应用场景。

（四）提升数字素养

1. 提升法律意识

为了促进人工智能的健康发展和规范应用，维护国家安全和社会公共利益，保护广大公民、法人和其他组织的合法权益，国家陆续颁布了网络安全、数据安全、个人信息保护等方面的法律、行政法规，针对性制定并颁布了人工智能服务管理、互联网信息服务算法推荐管理、互联网信息服务深度合成管理等一系列法规条例，其目的就是预防技术滥用带来的各类安全风险，确保技术创新发展符合知识产权规范，防止滥用，预防风险，最终保证人工智能安全可靠的发展。

2. 加强新技术培训

学习 DeepSeek 等大模型和人工智能技术的概念和原理，理解原理、获得方法、知晓规律，持续加强工作人员对人工智能应用技术的认知和把握。通过集中学习、跨部门场景协同、沙盘演

练等,积极探索政务服务工作的创新实践,真正利用新技术赋能政务服务工作,提质增效。例如,组织"技术预判研讨会",邀请高校专家解析人工智能伦理、可信计算等前沿领域发展趋势,增强技术演进预判能力;开展"投入—收益"演练分析,通过算力成本核算、服务效能预测等模块,强化技术部署可行性评估能力,掌握技术投入、治理效能与财政可持续性的动态平衡。

(五)优化和管控大模型可信度和成熟度

1. 在技术层面强化模型可信度

通过多数据源交叉验证机制,接入权威数据库,对输出结果进行验证比对;通过推理路径可视化机制,输出包含数据来源、逻辑关联链的"透明化报告"。

2. 在管理层面建立全生命周期管控

通过上线前的安全评测,对数据合规性进行审查、对逻辑一致性进行评估,模拟极端场景进行鲁棒性测试等;通过运行中的监控机制,部署实时语义熵分析类系统,当模型输出不确定性超过阈值时自动触发人工复核。

3. 在制度层面完善责任追溯机制

明确技术提供方、部署主体及使用人员的三级责任边界;建立专项安全审查机制和常态化攻防演练机制;第三方机构定期对大模型及应用进行对抗性测试。

生成式人工智能的"幻觉"风险既是技术挑战,更是治理命题,唯有通过技术创新、制度创新与文化创新的协同,才能在提升政务服务效能的同时,守住公信力底线。

4. 重视用户使用智能化服务的警示提醒和意见反馈

在政务服务终端明示人工智能服务的边界和风险说明，设置使用反馈入口，实时收集公众体验数据，并适当反馈。

（六）防范过度技术依赖

1. 保留必要的人工审核业务环节

如在关键审批环节设置人工复核岗位；制定跨部门协同的应急预案，明确技术故障、网络攻击等场景下的响应流程与责任分工等。

2. 建立针对人工智能技术全生命周期的评估机制

如上线前的安全评测与上线后的实时监测；采用多模型协同的技术架构和竞争选型路线，避免单一技术路径依赖。

3. 试点先行渐进推进

针对相关岗位在考核中增加人工智能技术应用能力指标；探索人机协同工作模式；渐进式的业务流程转型框架，优先选择高频、标准化场景进行业务试点。

PART 09

第九章

"人工智能+"赋能数字政府建设未来图景

> 在未来人工智能技术赋能数字政府建设中,将会更加重视创新与秩序、发展与安全、效率与公平,不断推动政务服务协同高效、政府治理效能提升、政府决策科学精准。

一、探索形成安全高效的"人工智能+政务服务"新型模式

2023年2月，中共中央、国务院印发的《数字中国建设整体布局规划》明确指出，要"发展高效协同的数字政务"。2024年1月，国务院印发《国务院关于进一步优化政务服务提升行政效能 推动"高效办成一件事"的指导意见》（国发〔2024〕3号）指出，创新开展大数据、区块链、人工智能等新技术应用，推动政务服务由人力服务型向人机交互型转变，由经验判断型向数据分析型转变。政务服务智能化是政府部门运用新兴智能技术工具，围绕民众、企业和社会需求，提供自动化、高效化和个性化的一站式政务服务[①]。人工智能赋能政务服务的本质在于对政务数据的深度挖掘、分析和应用，探索形成安全高效的"人工智能+政务服务"新型模式。

（一）复杂业务场景中办理流程更趋智能化

在复杂业务场景中引入DeepSeek等人工智能技术，依托其深度学习能力和算法优势，可以对审批流程前后置关系进行有效重置，对申请材料进行精简优化，助力实现"多表合一"，在信息预填、材料审核、意见确认等多个环节实现服务事项在跨层级、跨部门、跨区域间的高效协同办理，有效减轻企业群众的办事负担，推动办事效率和审批准确性的同步提质。如，在公共资源交

[①] 杨利真.智能化政务服务变革：理念、内容、技术的三重维度[J].行政管理改革,2022（2）.

易过程中，DeepSeek 等人工智能技术可对投标文件真实性及投标企业的资质与信誉进行智能分析，从而保障交易的公平公正；在行政审批事项办理过程中，可通过 DeepSeek 等人工智能技术对申请材料进行自动审核，快速判断材料的合规性，有效缩短审批时限，提高企业群众满意度、获得感。同时，借助 DeepSeek 等人工智能技术对文本、图片、音视频等多样态数据融合处理功能，通过多重交叉验证方式，可推动实现秒批秒办、零材料办、无感办等智能高效的便利服务。

实现"7×24 小时"咨询服务。利用 DeepSeek 等人工智能技术构建智能客服系统，推出智能客服、AI 数字人、智能问答等应用，"7×24 小时"在线解答群众咨询，提供政策解读、办事指南等服务，快速响应用户的咨询和问题。

赋能 12345 热线。依托人工智能技术先进的自然语言处理、语音识别、深度学习能力，迅速识别用户意图，实现智能分类与细化管理，可以有效缓解人工客服压力，大幅降低人工成本，加速推动服务热线从"被动受理"向"主动治理""未诉先办"转型。

（二）让政务服务更有"温度"

传统的政务服务模式依靠电话、邮件、走访等方式获取民众诉求，往往缺乏有效工具准确深度获悉需求，DeepSeek 等人工智能技术可以有效解决传统模式难以满足企业群众需求多样化的不足，根据用户搜索信息、浏览记录、办理业务类型等数据，广泛采集用户偏好与需求，并在此基础上研判诉求方向与预期结果，为企业群众提供个性化的服务信息，为政府部门提出优化供给的建议方案。如，企业更关注优惠扶持等相关政策信息，政务平台依托 DeepSeek 等人工智能技术可精准推送免申即享、财政补贴等相关政策解读及申报指南等；群众更注重民生服务，政务平台可及时推送社保医保、住房保障等最新信息。

此外，DeepSeek 等人工智能技术具有更为准确的内容研判能力，可通过人机交互将企业群众需求精准转化为相应的服务事项，在服务过程中，根据用户实际情况提供智能引导，自动提示服务办理中所需的申请材料、办理流程等，对残疾人、老年人等特殊群体提供更为人性化的智能帮办服务，简化操作流程、降低办事复杂度，提高政务服务的个性化和定制化水平，使政务服务更有"温度"。

（三）集约化服务路径破解多重难题

人工智能能够有效推动数据汇聚共享。政务服务的集约化发展不仅是平台系统的集约，更是政务数据和服务流程的集约。在保障数据安全的前提下，人工智能依托其深度学习与逻辑推理能力，对丰富的数据进行分级分类，统一数据归集标准和输出形式，形成全场景应用清单，探索推进共建共治共享的集约化服务路径，打破"信息孤岛"，破解资源浪费、重复建设等难题。

兼顾效率与公平。在公共资源分配方面，通过 DeepSeek 等人工智能技术展开数据分析，精准定位老年人、残疾人等特殊群体迫切需求，确保医疗保障、教育、养老等公共资源向欠发达地区与弱势群体分配倾斜。如，DeepSeek 等人工智能技术可通过对老年人的居住地、健康指数与医院配置进行比对分析，合理规划社区卫生站布局,为老年人群体提供便捷的就医服务;DeepSeek 等人工智能技术根据个人技能与劳务市场需求进行匹配,为求职人员特别是就业困难者提供适配岗位与职业培训,促进就业公平。

二、政府治理能力现代化水平进一步提升

党的二十届三中全会《中共中央关于进一步全面深化改革推进中国式现代化的决定》指出,深化城市建设、运营、治理体制改革,加快转变城市发展方式。2024 年 5 月,国家发展改革委、国家数据局、财政部、自然资源部联合印发的《关于深化智慧城市发展 推进城市全域数字化转型的指导意见》(发改数据〔2024〕660 号)指出,推进城市数字化转型、智慧化发展,是面向未来构筑城市竞争新优势的关键之举,也是推动城市治理体系和治理能力现代化的必然要求。政府职能的特殊性致使信息化技术与政府管理的融合较为滞后于其他领域,早期智能技术与政府管理的结合主要应用于辅助政务办公等单一工具性场景,随着以 DeepSeek 为代表的人工智能大模型的成熟,可协同解决多领域复杂问题的智能技术对政府管理的影响越发重要。

(一)拓展多维场景创新应用

DeepSeek 等人工智能技术凭借高性能低成本、融合先进的多模态技术等优势,已被运用到城市管理的诸多场景中,为智能化管理夯实了坚实基础,不仅推动城市管理效能实现质的飞跃,

更极大地提升了群众生活的便利度和体验感。随着 DeepSeek 等人工智能技术的逐步成熟与推广，城市管理与建设必将迈向一个崭新的高度。"人工智能＋教育"，通过多维度数据分析，推荐个性化的学习资源和路径，充当虚拟助教的角色，提供全时段在线辅导和答疑服务，极大地改变了传统的教学方式和学习体验。"人工智能＋交通"，从智能交通信号控制到自动驾驶，从交通流量优化到出行信息服务，DeepSeek 等人工智能技术作为智慧交通的重要手段，贯穿交通系统的各个环节，显著提高管理效率，提升交通安全，优化出行体验。"人工智能＋医疗"，DeepSeek 等人工智能技术不仅能够提高疾病诊断的准确性和治疗方案的定制化水平，而且可以优化医疗资源的配置，为患者提供更高效、优质的医疗服务。

（二）赋能产业发展优化升级

以 DeepSeek 为代表的人工智能技术已广泛应用到产业发展中，通过人工智能技术，在系统平台互联互通、监管数据汇聚的基础上，可利用大数据和智能决策系统感知监管态势，全面提升地方产业协同发展和政府招商引资能力的智能化水平。通过引入云原生、智能检索、图谱知识推理等前沿技术，能够使营商政务数据资源的管理更加智能化、精细化。在对数字资源进行统一标准化定义的基础上，以"一体化数字资源系统"（IRS）为代表的一体化智能化公共数据平台将统筹整合各层级各部门的营商政务数字应用、公共数据和智能组件等数字资源，通过构建协调共享机制，将"信息孤岛"逐步连成"数字大陆"，形成营商政务数字资源高效配置的新格局。此外，通过深度挖掘海量营商数据，人工智能技术可为企业精确画像，以精准满足经营主体全生命周期发展需求。聚焦营商要素的普遍共性需求、行业特性需求和经营主体个性需求，借助智能技术手段以及大数据处理和分析，全面构建营商环境治理基础数据库。同时，加强相关数据资源的关联分析和融合利用，有效实现营商事项的政策智能引导和精准推送，增强营商政策的供需匹配度，为营商环境精准治理提供解决方案。通过营商规则制度重塑和政务服务流程再造，强化政府与经营主体之间的双向良性互动，及时回应经营主体的各类营商政策诉求，实现"由内而外"的政府服务模式转变成"由外而内"的需求发现模式，从根本上破解信息不对称、政策回应不及时等难题，推动实现地方产业协同发展和政府招商引资的精准化和智能化。①

三、政府决策进一步科学精准

充分利用 DeepSeek 等人工智能技术在多模态数据处理、知识图谱构建和智能决策算法等方面技术优势，将为政府政策制定、舆情预警、基层治理等提供更加有力的支撑。

（一）持续优化决策闭环

充分运用 DeepSeek 等人工智能技术的快速算力和数据分析能力，对经济、人口、社会趋势等多源数据进行整合与比对，全

---

① 王正新, 刘俊. 从传统营商环境走向"数智化"营商环境[J]. 理论探索, 2023,(02).

方位洞察城市运行状况，帮助决策者更好地把握未来趋势，为政策制定提供科学的决策依据。同时，依托 DeepSeek 等人工智能技术强大的深度分析优势，建立持续优化的决策闭环过程，模拟不同人群对政策的使用情况，对实施效果和执行结果进行研判，及时调整与优化既定政策，优化决策质量，确保决策的有效性，并不断促进数字政府建设向更加精细化、智慧化的管理方式迈进。

（二）有效化解舆情风险

将 DeepSeek 等人工智能技术应用于民意诉求办理、社情民意监控等领域，在自动采集新闻信息和热点话题的过程中同步实现舆情信息的分类，自动过滤无效信息，对敏感话题及重点领域进行实时重点监控，及时掌握社会关注热点，及时有效处理，推动民众诉求由被动响应向主动处置转变，正面引导舆论走向，有效化解舆情风险。此外，在公共安全治理过程引入 DeepSeek 等人工智能技术，可凭借其多模态融合感知、动态知识演化与复杂系统推演能力，在自然灾害预警、事故灾难处置、公共卫生响应等场景中展现出突破性应用价值。

四、新技术应用落地更高效更安全

安全是数字政府建设领域的永恒话题。全球范围来看，人工智能技术推广和使用过程中，全球各国政府都需要在实践应用中不断完善相关立法和标准体系建设，以满足新技术在各类应用场景应用中带来各种法律、安全、公平性等深层问题。未来，需把握好创新与秩序、发展与安全、效率与公平之间的平衡点,让数字政府在安全可控的前提下,积极拥抱人工智能。

(一)全面加强人工智能数据安全保障体系和能力建设

人工智能带来的数据和网络安全问题不容忽视,数据安全风险、责任虚化风险、隐私信息侵权风险,以及模型中毒、数据篡改、内部威胁、蓄意攻击等一系列数据安全威胁需高度重视。需构建更加具有系统性和针对性的人工智能监管法律法规体系,来实现对人工智能法律问题作出全面规定,体系化填补因人工智能技术兴起而形成的法律空白。同时,DeepSeek 等人工智能技术带来了前所未有的机遇,也同样面临无法通过传统网络安全手段解决的安全挑战。在数字政府建设领域,各级政府应全面加强人工智能数据安全保障体系和能力建设,构建更加完善的大模型应用安全治理体系,在保障安全的前提下最大化地释放各类新技术的潜力。

(二)更加注重人工智能技术应用的集约化、系统化、规范化建设

为避免重复建设风险,地方政府在数字政府建设领域引进和部署人工智能技术前,应充分发挥已有的协同机制和实践经验,应充分调研和评估实际业务场景和具体需求,明确并论证技术的匹配性和优先级,谨慎评估技术的适用性、兼容性和协同性。各级地方数字政府平台、特别是省级平台应充分重视跨地方、跨部门、跨平台的统筹和集约,标准先行,评估保驾,避免重复建设、无效投资。

人工智能赋能数字政府建设应用未来可期。随着技术的不断进步和应用的持续深入，人工智能将在政务服务、社会治理、辅助决策中发挥更大作用。未来，人工智能等新技术有望实现跨部门、跨领域的政务数据协同分析，推动政务服务从单一事项办理向整体化、协同化服务转变，构建更加智能、高效、便捷的政务服务体系。将人工智能技术应用于城市治理、民生服务、应急管理、招商引资等多元场景，实现舆情研判、灾情识别、监测预警和事态模拟等智能化应用，可有效提升社会管理决策和执行效率，助力持续推动营商环境升级。利用人工智能技术对海量数据深度挖掘，能够有效提升经济运行、人口增长、社会发展分析研判的前瞻性和准确度，帮助决策者更好把握未来趋势和发展变化规律，提高政府工作效率和决策科学性。随着相关法律法规和监管机制的完善，人工智能在数字政府领域的应用将更加规范、安全，也将为数字政府建设注入强大动力。

附录

一、相关政策文件、法律法规一览

类别	名称	内容	扫码获取更多内容
政策文件	《国务院关于印发新一代人工智能发展规划的通知》（国发〔2017〕35号）	深入实施创新驱动发展战略，以加快人工智能与经济、社会、国防深度融合为主线，以提升新一代人工智能科技创新能力为主攻方向，发展智能经济，建设智能社会，维护国家安全，构筑知识群、技术群、产业群互动融合和人才、制度、文化相互支撑的生态系统，前瞻应对风险挑战，推动以人类可持续发展为中心的智能化，全面提升社会生产力、综合国力和国家竞争力。	
政策文件	《中华人民共和国国民经济和社会发展第十四个五年规划和2035年远景目标纲要》	分级分类推进新型智慧城市建设，将物联网感知设施、通信系统等纳入公共基础设施统一规划建设，推进市政公用设施、建筑等物联网应用和智能化改造。完善城市信息模型平台和运行管理服务平台，构建城市数据资源体系，推进城市数据大脑建设。	

续表

类别	名称	内容	扫码获取更多内容
政策文件	《国务院关于印发"十四五"数字经济发展规划的通知》（国发〔2021〕29号）	增强关键技术创新能力。瞄准传感器、量子信息、网络通信、集成电路、关键软件、大数据、人工智能、区块链、新材料等战略性前瞻性领域，发挥我国社会主义制度优势、新型举国体制优势、超大规模市场优势，提高数字技术基础研发能力。	
政策文件	《国务院关于印发"十四五"国家应急体系规划的通知》（国发〔2021〕36号）	扎实做好安全生产、防灾减灾救灾等工作，积极推进应急管理体系和能力现代化。	
政策文件	《国务院关于加快推进政务服务标准化规范化便利化的指导意见》（国发〔2022〕5号）	深入推进政务服务"一网、一门、一次"改革，积极探索创新审批服务便民化措施。	
政策文件	《国务院关于加强数字政府建设的指导意见》（国发〔2022〕14号）	全面提升数字政府集约化建设水平，统筹推进技术融合、业务融合、数据融合，提升跨层级、跨地域、跨系统、跨部门、跨业务的协同管理和服务水平；坚持数字普惠，消除"数字鸿沟"，让数字政府建设成果更多更公平惠及全体人民。	
政策文件	科技部等六部门关于印发《关于加快场景创新以人工智能高水平应用促进经济高质量发展的指导意见》的通知（国科发规〔2022〕199号）	着力解决人工智能重大应用和产业化问题，全面提升人工智能发展质量和水平，更好支撑高质量发展。	

续表

类别	名称	内容	扫码获取更多内容
政策文件	《国务院关于进一步优化政务服务提升行政效能 推动"高效办成一件事"的指导意见》（国发〔2024〕3号）	深入推动政务服务提质增效，在更多领域更大范围实现"高效办成一件事"，进一步提升企业和群众获得感。	
政策文件	2024年《政府工作报告》	深入推进数字经济创新发展。制定支持数字经济高质量发展政策，积极推进数字产业化、产业数字化，促进数字技术和实体经济深度融合。深化大数据、人工智能等研发应用，开展"人工智能+"行动，打造具有国际竞争力的数字产业集群。	
政策文件	《国家发展改革委 国家数据局 财政部 自然资源部关于深化智慧城市发展 推进城市全域数字化转型的指导意见》（发改数据〔2024〕660号）	以数据融通、开发利用贯穿城市全域数字化转型建设始终，更好服务城市高质量发展、高效能治理、高品质生活，支撑发展新质生产力，推进中国式现代化城市建设。	
政策文件	《四部门关于印发国家人工智能产业综合标准化体系建设指南（2024版）的通知》（工信部联科〔2024〕113号）	进一步加强人工智能标准化工作系统谋划，加快构建满足人工智能产业高质量发展和"人工智能+"高水平赋能需求的标准体系，夯实标准对推动技术进步、促进企业发展、引领产业升级、保障产业安全的支撑作用，更好推进人工智能赋能新型工业化。	

续表

类别	名称	内容	扫码获取更多内容
政策文件	《中共中央关于进一步全面深化改革、推进中国式现代化的决定》	深化城市建设、运营、治理体制改革，加快转变城市发展方式。	
政策文件	2025年《政府工作报告》	激发数字经济创新活力。持续推进"人工智能+"行动，将数字技术与制造优势、市场优势更好结合起来，支持大模型广泛应用，大力发展智能网联新能源汽车、人工智能手机和电脑、智能机器人等新一代智能终端以及智能制造装备。	
法律法规	《中华人民共和国网络安全法》	立足国家安全、社会公共利益，规范网络运行安全、网络信息安全，明确网络运营者责任，保障公民个人信息和重要数据安全。	
法律法规	《中华人民共和国数据安全法》	构建数据安全治理体系，规范数据收集、存储、处理、跨境流动等行为，强化数据安全保护义务，促进数据开发利用与安全保障协同发展。	
法律法规	《中华人民共和国个人信息保护法》	明确个人信息处理规则，确立"最小必要原则"，规范人脸识别、大数据杀熟等行为，保障公民个人信息权益，严惩泄露滥用行为。	
法律法规	《互联网信息服务算法推荐管理规定》	要求平台公开算法逻辑，避免歧视性推荐，规范大数据杀熟、信息茧房等问题，强化对用户权益的保护和对算法滥用的监管。	

续表

类别	名称	内容	扫码获取更多内容
法律法规	《互联网信息服务深度合成管理规定》	明确深度合成技术（如 AI 换脸、虚拟主播）的管理规范，要求内容标识真实来源，禁止利用技术伪造重大事件或侵害他人肖像权、名誉权等合法权益。	
法律法规	《生成式人工智能服务管理暂行办法》	针对生成式 AI 服务提出准入备案、内容审核、算法透明度等要求，规范 AI 生成内容标识，防范虚假信息和侵权风险，促进技术健康有序发展。	

二、人工智能技术常用名词汇总

1. 变分自编码器[①]：变分自编码器（Variational Auto-Encoder）是一种深度生成模型架构，它由编码器和解码器两大部分组成。其核心在于利用概率化的潜在空间来促进数据的生成与特征的学习。在 VAE 中，编码器负责将输入数据转换为潜在变量的概率分布（通常输出该分布的均值 μ 和方差 σ^2，而不是一个固定的编码）。而解码器则从这一分布中采样，并据此重构原始数据。

与传统的自编码器不同，VAE 引入了变分推断和重参数化技巧，通过 KL 散度损失项将潜在空间约束为标准正态分布附近，使得潜在空间连续且采样过程可微分。这一设计解决了普通自编码器中潜在空间不连续导致随机采样无效的问题，从而使得 VAE

---

① KINGMA D P, WELLING M. Auto-Encoding Variational Bayes[J]. arXiv.org, 2022.

能够生成与训练数据分布相符的新样本。因此,VAE在图像生成、异常检测、分子设计等多个领域都展现出了巨大的应用潜力。

2. 词元[①]:词元(Token)被定义为模型处理文本的基本单位,通过分词器(Tokenizer)将输入文本分割为词、子词或符号等离散单元,每个词元对应一个向量表示,用于模型的计算和语义理解。

3. 大型语言模型[②]:大型语言模型(Large Language Model,LLM)是实现通用人工智能的重要途径之一,它的出现标志着通用人工智能的发展迈入了一个新阶段。此类模型凭借其出色的逻辑推理能力和广泛的适用性,能够胜任对话交流、邮件撰写、诗歌创作、程序代码编写以及商业策略规划等多种复杂任务。

4. 多词元预测:多词元预测(Multi-token Prediction)要求模型在接收输入序列后,能够并行地预测出紧随其后的多个连续词元,而非仅仅局限于逐个预测下一个词元。举例来说,采用MTP技术的模型能够同时预测未来的3个词元,而非仅限于预测第一个词元。这一改进在不增加额外训练时间和内存消耗的前提下,不仅显著增强了模型的预测能力,还提升了其运行效率。

5. 多头潜在注意力:多头潜在注意力(Multi-head Latent Attention,MLA)是对传统注意力机制的一种优化升级,其核

---

① Vaswani A, Shazeer N, Parmar N, et al. Attention Is All You Need[EB/OL]. (2017-06-12)[2025-03-10]. https://arxiv.org/abs/1706.03762?context=cs.LG.

② 徐月梅,胡玲,赵佳艺,等.大语言模型的技术应用前景与风险挑战[J].计算机应用.2024,44(06):1655-1662.

心在于允许多个注意力头各自独立地聚焦于输入数据的不同维度特征。多头潜在注意力机制能够提升 Transformer 模型在处理冗长序列或复杂多模态数据时的效率与性能，该机制首先将高维输入数据映射到一个维度较低的潜在空间，然后在这个低维空间内并行执行多个注意力头的运算。以自然语言处理的句子解析场景为例，一个注意力头可能专门负责解析句子的语法结构，另一个则侧重于理解语义内涵，而第三个或许专注于分析词汇的情感倾向等。这些多样化的注意力头同步工作，最终将各自的输出结果进行综合。

6.FP8 混合精度训练： 作为一种深度学习训练优化策略，巧妙地将 8 位浮点数（FP8）应用于模型的部分参数和计算结果表示，同时保留高精度（例如 FP32）用于关键计算步骤，以此在确保模型精度的同时，大幅度地降低了计算成本和内存使用，显著提升了训练速度。

7. 混合专家模型： 混合专家模型（MoE，Mixture of Experts）作为一种创新的机器学习方法，将人工智能模型拆解为多个独立的子网络，即"专家"，每个"专家"负责处理输入数据的一个特定子集，进而协同完成既定任务。一般而言，混合专家模型通过选择性地激活针对特定任务所需的"专家"，而非全面激活整个神经网络来实现高效运作。即使针对拥有数十亿级的庞大参数，使用该方法也能在预训练阶段显著削减计算成本，并且在推理阶段具有更快的性能优势。

8. 机器学习[①]：机器学习致力于研究如何通过计算的手段，利用经验来改善系统自身的性能。在计算机系统中，经验通常以数据形式存在，因此机器学习所研究的主要内容，是关于在计算机上从数据中产生模型的算法。

9. 卷积神经网络[②]：卷积神经网络（Convolutional Neural Networks, CNN）是一种前馈神经网络，它采用深度结构并包含卷积计算，是深度学习领域的一种重要算法。这种网络具备表征学习能力，能够根据自身的层级结构对输入的信息进行平移不变分类。因此，卷积神经网络也被称作"平移不变人工神经网络"。

10. 模型蒸馏[③]：模型蒸馏（Model Distillation）是一种知识迁移方法，通过将高性能大型模型（教师模型）的决策逻辑与知识分布传递至轻量化小型模型（学生模型），在维持预测精度相近的前提下大幅压缩模型规模与计算开销。其核心目标是通过知识传递而非简单压缩，实现推理效率的指数级提升，尤其适配移动端、边缘计算等资源受限场景。

11. 人工智能[④]：人工智能是利用数字计算机或者数字计算机控制的机器，模拟、延伸和扩展人的智能，感知环境、获取知识

---

① 周志华. 机器学习 [M]. 清华大学出版社, 2016:1.

② Lecun Y, Bottou L. Gradient-based learning applied to document recognition[J]. Proceedings of the IEEE, 1998, 86(11):2278-2324. DOI:10.1109/5.726791.

③ Hinton G, Vinyals O, Dean J. Distilling the Knowledge in a Neural Network[J]. Computer Science, 2015, 14(7):38-39.DOI:10.4140/TCP.n.2015.249.

④ 中国电子技术标准化研究院.《人工智能标准化白皮书（2018）年》[R/OL]. (2018-01-17). https://www.cesi.cn/201801/3545.html.

并使用知识获得最佳结果的理论、方法、技术及应用系统。

12. 深度学习[1]：深度学习是通过构建多隐层的人工神经网络模型，利用大规模数据训练网络参数，以学习数据的高层次抽象特征，从而实现分类或预测任务的机器学习方法。

13. 生成对抗网络[2]：生成对抗网络（Generative Adversarial Networks，GAN）是一种深度学习架构，它由两个主要部分组成：生成模型和判别模型。这两个模型在相互竞争的过程中不断优化各自的性能。生成模型持续努力产生越来越逼真的数据，而判别模型则不断提升其区分真实数据与生成数据的能力。通过这样的对抗性训练，两个模型都能逐步提升自己的表现。

14. 生成式人工智能[3]：生成式人工智能是一种能够自主学习数据内在规律并据此自主创新内容的技术。它的核心在于运用深度学习模型（例如 GAN、Transformer 等）从大规模数据中挖掘模式，并据此生成逻辑性强、连贯性好的文本、图像、音频、视频等多种类型的内容。与只能分析或分类数据的传统人工智能不同，生成式人工智能能够模拟人类的创造力，如根据用户输入生成文章、设计图像或编写程序代码等。它在教育、医疗、艺术、科学研究等多个领域都有广泛应用，是当前人工智能领域中极具变革性的一个分支。

15.Transformer 模型架构：自 2017 年推出以来，已成为语言模型中广泛应用的深度学习框架。其显著优势在于支持并行计

---

[1] Goodfellow I, Bengio Y, Courville A. Deep learning [M]. The MIT Press.2016.
[2][3] Goodfellow I, Pouget-Abadie J, Mirza M, et al. Generative Adversarial Nets[J]. MIT Press. 2014. DOI:10.3156/JSOFT.29.5_177_2.

算，包括负责理解输入文本的编码器和负责生成输出文本的解码器两个主要部分。通过"多头注意力"和"位置编码"等核心技术，Transformer模型架构能够高效捕捉文本中的长距离依赖和上下文信息，更准确地理解文本的含义和顺序。

16. 循环神经网络[①]：循环神经网络（Recurrent Neural Network, RNN）是一种递归神经网络，它以序列数据作为输入，在序列的逐步展开过程中进行递归运算，并且其所有节点（即循环单元）按照链式结构相互连接。

17. 自然语言处理[②]：自然语言处理是人工智能的重要研究方向，其通过整合语言学、计算机科学、数学、机器学习及认知心理学等多学科理论，构建了跨越人类语言与机器智能的交互纽带。作为一门交叉学科，它涵盖自然语言理解（分析语言意义）与自然语言生成（将数据转化为语言）两大方向，并在字词、短语、句子乃至篇章等不同层级展开研究。该技术的核心目标在于赋予机器解析、推理和创造人类语言的能力，从而支撑人机高效交互，并实现机器翻译、情感识别、文本摘要、信息检索等多样化应用场景。

18. 注意力机制[③]：注意力机制（Attention Mechanism）是一种在深度学习模型中动态分配不同权重以聚焦输入数据关键部

---

① Alex Graves. Generating sequences with recurrent neural networks[EB/OL]. 2023. https://arxiv.org/pdf/1308.0850.

② Manaris B. Natural Language Processing: A Human-Computer Interaction Perspective[J]. Advances in Computers. 1998, 47(08):1-66.DOI:10.1016/S0065-2458(08)60665-8.

③ Vaswani A, Shazeer N, Parmar N, et al. Attention Is All You Need[EB/OL].（2017-06-12）[2025-03-10]. https://arxiv.org/abs/1706.03762?context=cs.LG.

分的技术。其核心思想是通过计算输入元素间的相关性权重，使模型在处理特定任务时能够优先关注最相关的信息片段。该机制通常涉及三个核心组件：查询（Query）、键（Key）和值（Value），通过计算 Query 与 Key 的相似度生成权重分布，再对 Value 进行加权求和，从而突出重要信息。

19. 自注意力机制[①]：自注意力机制（有时也称为内部注意力机制）是一种注意力机制，它关联单个序列中不同位置的信息，以计算该序列的表示。自注意力机制已成功应用于多种任务，包括阅读理解、抽象式摘要、文本蕴含以及学习与任务无关的句子表示。

三、DeepSeek-R1 及其蒸馏模型规格与应用表

模型名称	硬件需求	核心场景	典型用户群体
DeepSeek-R1-1.5B	4 核 CPU/8GB 内存 /12GB 存储空间，可选 4GB 显存显卡	个人电子邮件和社交媒体短消息生成	学生 / 个人开发者
DeepSeek-R1-7B	8 核 CPU/16GB 内存 /80GB 存储，RTX3060（最低）或 3070（推荐）显卡	中小型企业本地知识库问答、文档多语言互译、编程团队代码补全	中小创业团队
DeepSeek-R1-8B	与 DeepSeek-R1-7B 类似	Python 基础框架代码生成、小企业 AI 客服	中小创业团队

[①] Vaswani A, Shazeer N, Parmar N, et al. Attention Is All You Need[EB/OL].（2017-06-12）[2025-03-10]. https://arxiv.org/abs/1706.03762?context=cs.LG.

续表

模型名称	硬件需求	核心场景	典型用户群体
DeepSeek-R1-14B	12核以上CPU/32GB内存/RTX4090显卡（24GB显存）	写作辅助、办公助手	制造业企业/政府机构
DeepSeek-R1-32B	8核服务器级别CPU/64GB内存，2-4张英伟达A100（80GB显存/卡）	金融分析、医学研究	金融机构/医院
DeepSeek-R1-70B	32核服务器级别CPU/128GB内存/256GB存储，2x A100 80GB或4x RTX 4090	科研机构或大型企业的高复杂度生成任务	科研机构/大型企业
DeepSeek-R1-671B	64核CPU/512GB内存/300GB+硬盘，多节点分布式训练，如8x A100/H100显卡配置	超大规模AI研究	AI科研机构/互联网公司

四、常见AI工具汇总（办公、生活场景）

类别	产品名称	所属机构	核心技术	核心功能	典型场景	差异化
AI对话	ChatGPT	OpenAI	GPT-4.5架构、多模态交互（图像/语音/摄像头识别）	日常对话、代码生成、创意写作、跨平台集成（iOS/macOS/必应）	学生写作、企业客服	生态融合能力强，技术天花板高（GPT-4.5）
	豆包	抖音	深度中文语义理解、情感计算	翻译/学习辅助、多模态交互、生活场景覆盖	教育场景、高频工具使用（翻译/学习）、中文语境优化	地域化适配最佳，"用户需求即功能"设计

续表

类别	产品名称	所属机构	核心技术	核心功能	典型场景	差异化
AI对话	Gemini	谷歌	原生多模态架构（文本/图像/音视频同步解析）+实时数据整合	调用Google搜索结果、Gmail/Drive协作、动态记忆上下文追踪	复杂问题解答、知识检索、办公场景（文档协作）	依托搜索引擎生态，专业性与效率兼具
AI写作	腾讯元宝	腾讯	混元T1+DeepSeek-R1双模型切换、微信生态深度集成	双模型自由切换、长文本处理(256K)、多文件解析（10个）、AI写作/翻译/口语陪练	办公协作（调用公众号/视频号）、内容创作、教育场景	效率天花板高（响应延迟0.8秒），本土化适配强
	Claude 3.7 Sonnet	Anthropic	模块化代码生成、ASL-2级安全防护、30万令牌上下文跟踪	编程/写作双强、多语言风格定制、代码安全审计	企业开发、技术文档撰写、系统级代码开发	开发者优选，平衡能力与安全性（加密思考块）
	Grok	xAI	Grok-1大模型+多模态实时抓取（X平台动态）	幽默对话、热点文案生成、敏感话题调侃（中立立场）	社交媒体运营、创意内容生成、轻松娱乐场景	娱乐性与专业性结合
AI绘画	即梦AI	抖音	东方美学深度学习（水墨/建筑/配色）、飞书/DeepSeek协作	文生图/视频、国风海报生成、智能画布编辑、HD修复/局部重绘	设计师创作、自媒体内容、电商素材	国风定制化强，工具链完整（剪映生态延伸）

附录

189

续表

类别	产品名称	所属机构	核心技术	核心功能	典型场景	差异化
AI绘画	Whisk	谷歌	Gemini/Imagen3底层支撑、多图混合重构	上传图片生成主题作品（风格/场景自由组合）、文本微调	广告设计、创意探索、社交媒体内容	操作门槛低，快速迭代优化（适合非专业用户）
	Recraft.ai	Recraft	文本渲染引擎（品牌标识/广告文案）、矢量图形输出	图标/UI设计、系列图像生成、实时协作编辑	商业设计（电商/海报）、游戏虚拟场景	"AI版Photoshop"，一站式商业设计解决方案
	ImageFX	谷歌	GAN架构+SynthID数字水印、Expressive Chips交互	高清图像生成（面部/手部细节）、风格迁移、复杂场景解析	影视概念艺术、商业设计（高定制需求）	技术细节精湛（光影/色彩还原度高），整合能力突出
	Midjourney AI V6	Midjourney	文生图V6（2048×2048分辨率）、图像重纹理模式	多艺术风格生成（达利/毕加索）、摄影术语识别、视频纹理迁移	创意工作者辅助、广告/影视概念设计	创意自由度极高，但需学习成本（参数调整/英文界面）
AI视频	可灵大模型	快手	3D时空联合注意力机制+自研3D VAE网络	1080p视频生成、图生视频续写、物理引擎模拟（重力/液体流动）	影视制作、广告片、教育视频	国产技术突破，动态效果逼真（如蒙娜丽莎互动）
	Pika	Pika labs	智能帧间融合系统+物理引擎优化	文生视频/图生视频、多图融合生成、实时编辑	广告创意、虚拟试穿、TikTok涨粉	操作门槛低，单条广告成本降至百元级，动态细节符合现实逻辑

续表

类别	产品名称	所属机构	核心技术	核心功能	典型场景	差异化
AI视频	Runway Gen-3 Alpha	Runway	全栈控制技术（运动画笔/导演模式）+电影级特效合作	高清视频生成（10秒积分制）、定制化模型开发（与Lionsgate合作）	好莱坞影视、特效制作	专业级表现（成本高昂但效率提升90%），技术溢价明显
	Vidu 2.0	生数科技	参考生视频功能+错峰免费生成	文生视频（4—32秒）、多主体同框控制、超高速生成（5秒/4秒视频）	电商广告、短视频创作	性价比较高（单秒成本4分钱），国产增速最快（用户破千万）
AI音频	海螺AI	MiniMax	TTS语音克隆（30+音色）+六种情绪调节	文本转语音、音频克隆、有声书制作	视频配音、播客、教育内容	对标ElevenLabs，中文适配精准，免费试用门槛低
AI编程	Cursor	Cursor Labs	上下文感知（变量作用域/函数依赖）+混合模型架构（自定义AI+LLM）	智能代码补全（函数/类定义）、跨行预测、多文件编辑	数据清洗、算法开发、快速原型搭建	开发效率提升300%，全栈场景覆盖（支持Python/多行预测）
	Windsurf	Codeium	可视化组件库（覆盖95%业务场景）+AI代码生成/自动化调试	拖拽式界面原型设计、自然语言生成前后端代码	电商/金融/教育应用开发	低代码开发革命，3天完成企业级应用搭建

续表

类别	产品名称	所属机构	核心技术	核心功能	典型场景	差异化
AI编程	Trae	抖音	MoE架构（千亿参数）+安全审计（OWASP Top 10漏洞检测）	智能合约生成（Solidity/Vyper）、数据库设计文档自动生成	区块链开发、金融系统建设	中文场景漏洞识别率99.7%，兼顾效率与安全性（加密思考块）
AI搜索	Perplexity.ai	Perplexity公司	RAG（检索增强生成）+全网结构化信息整合	直接生成带引用源的答案、多模态内容整合（文本/图像/视频）	学术研究、市场分析、知识检索	首创"答案引擎"模式，硅谷融资神话（估值30亿美元）
	纳米AI搜索	360集团	多模态交互（语音/图像/视频）+多模型协作（豆包/文心一言等）	网页分析、翻译改写、思维导图生成	办公场景、跨语言协作、知识创作	鸿蒙/PC全终端覆盖，"搜索即创作"普惠工具
	秘塔搜索	秘塔科技	MetaLLM大语言模型+自建知识库	深度语义搜索（文献/行研报告）、结构化答案导出	科研写作、行业分析、学术场景	无广告界面，信息溯源功能强，支持Word/PDF导出与写作猫无缝衔接
AI音乐	Suno AI	Suno公司	双AI模型协同（音乐生成引擎+ChatGPT歌词生成）	多风格音乐生成（50+类型）、真人声合成、定制化伴奏/音效	音乐创作、短视频配乐、个性化娱乐	民主化音乐生产（十亿潜在用户），技术覆盖全面（V3版本高保真音质）

续表

类别	产品名称	所属机构	核心技术	核心功能	典型场景	差异化
AI音乐	海绵音乐	抖音	中文歌词优化算法＋情绪标签定制	关键词生成1分钟音乐（R&B/国风等）、女声/男声切换	抖音神曲、短视频配乐、零基础创作	中文适配突出，操作简单（内测阶段免费使用）
	MusicFX DJ	谷歌	MusicLM文本到音乐模型＋SynthID水印技术	实时调整曲风/节奏、48kHz高清输出、多提示词混合生成	专业音乐制作、广告配乐、直播互动	技术天花板高（对标Spotify），版权保护完善（SynthID水印）